屋外広告の知識　デザイン編　

広告景観

まち並み景観における屋外広告のあり方を世界の事例から考える

西川潔 著 筑波大学名誉教授

本書について

本書は既刊書『屋外広告の知識　デザイン編』(ぎょうせい)の事例集として企図されたものです。
前書の内容は屋外広告の研究者や専門家が分担して、屋外広告のデザイン、歴史、課題等について網羅的に
記述されています。それに対し、本書は屋外広告と景観の好ましい関係に着目した新しい試みです。
筆者が長年にわたって取材をしてきた写真から、特に環境との関係で優れた事例を、キーワードで括り、
構成したものです。中には、広告と関係なさそうな事例もありますが、好ましい広告景観づくりには
道や施設、そして土地固有の風土との関係を無視できません。
また、日本の伝統的な事例を多く載せています。これはわが国の広告景観の再評価と
その構造の理解を深めるためです。もちろん、このことは伝統の形式的な復活を意味しません。
日本に相応しい独自な広告景観形成を願ってのことです。江戸時代のまち並みは、今日見ても
広告景観として際立っており、研究の余地はまだまだあるものと考ています。
ところで本書で重要なのは、写真に映り込む広告のディテールはもとより、広告や看板と、建物や
周辺との関係です。それは筆者の経験からしても、意識をしないと見えてきません。
写真が小さいのが残念ですが、見えない部分は読者の創造力で補っていただければ幸いです。
なお、広告景観の向上には、制度を整えていく誘導的な方法と、デザイナーや製作者、クライアント、
あるいは市民も含めて、それぞれの見識を高め、技術を磨き、デザインの質を向上させる方法があると思います。
本書は明らかに後者の立場でつくられております。広告景観を考える契機となれば、望外の喜びです。

著者

まえがき

　B.ルドフスキーの著書『人間のための街路』は「愚かにもわれわれは街路が砂漠ではなくむしろオアシスになることに気づいていない」という文章からはじまる[1]。本書が主題とする、広告・看板と街路のよい関係を探る目的も、突き詰めれば、人々が安心して楽しめるオアシスをつくることに他ならない。もちろんその現れ方は多様である。

　さて、「広告景観」という言葉はどの程度一般化しているのか、少なくとも我々が日頃お世話になっている国語辞典やウィキペディアには見当たらない。二つのごく一般的な名詞を繋げただけだからであろう。そこで、念のため＜景観＞を調べると、「見る人を引きつける（すばらしい）ながめ」（『明鏡国語辞典』）とあり、類語の＜景色＞は風景とほぼ重なり、「自然の風物のながめ」を言うようだ。景観には言外に美しさや優れたという価値が含まれている。この点が重要である。したがって、広告景観とは、まち並みや自然と広告物が一体となって生まれるすばらしいながめのことと言えよう。

　都市計画や広告行政に多大な業績を残した石川栄耀（いしかわひであき）は、昭和26年に著した『都市美と広告』[2]の中で、「屋外広告は都市に対し従属的であるように、都市美においてもまた従属的である。そして広告は都市美を補正する形を取る。」

図1:『熈代勝覧』部分　江戸後期の神田今川橋から日本橋までの西側を克明に描いている

（p47）続いて「屋外広告は街景の不足要素の補填、また空間的、時間的に千変万化の魅力を与える。」（p50）と述べている。屋外広告物法は昭和24年に生まれたが、当時、東京都でその責任者であった石川の、広告への大きな期待が読み取れる。広告景観という語の誕生を予見していたかのようである。

OECD

　しかし、広告はまち並みを乱し、自然景観を台無しにしているとの声が今も聞かれる。だいぶ前だが、昭和61年（1986）、OECD（経済協力開発機構）は対日都市評価において、大都市圏の多くにアメニティが欠けていると指摘した。また平成12年（2000）OECD対日都市政策勧告において、8項目の指摘のうち、「3：規制の再構築」と「6：個人の権利と公共の利益の調和」は直接広告景観に関係する。前者は、都市計画や建築の分野における規制の強化は安全性、環境の質、都市活動の効率性の向上と関係しており、適切な規制は日本においてむしろ強化すべきとの指摘である。後者は責任ある当局による民主的プロセスを経た場合には、私権の適切な制限は正当化されるべきであるという。これらの指摘の背景に無秩序な広告物、あるいは広告景観が想像される。平成17年（2005）に施行された、いわゆる景観緑三法誕生の一因となったことは疑う余地もない。確かに、都市中心部よりその周辺部の野立て広告などを思えば、今なおサイズは大きく、並び立つ広告物が隣すら気にすることなく、調和などとはほど遠い状態を見ると、OECDの指摘ももっともと言える。一方、大都市の都心部や再開発地区の広告のあり方は、今や世界と比較しても全く遜色がないものもある。広告景観は明らかに二極化していると言えよう。

彫刻と塑像

　ところで、OECDが木と土と紙で造られてきた我が国独自の建築や、自然に添わせた都市の成り立ちを、どの程度理解して評価したかは定かではない。本書をまとめるにあたり、改めてこれまで訪ねた多くの欧米都市の写真を見た。重厚な石でできた建築が計画的に配された都市は、まちがいなく美しい。同時に、その美や構成法が私たちの都市とはあまりに乖離していることを認めざるをえない。芦原義信氏はそれらを対比させ、

図2:『オイレンブルク日本遠征記』に描かれた江戸末期の日本橋付近　天理大学付属天理図書館蔵

図3:19世紀中頃のチープサイド通り

西欧の都市を大きな石の塊からかたちを刻み出す＜彫刻＞に、日本の都市を粘土を徐々に盛り上げてゆく＜塑像＞に例えている[3]。つまり、予め計画を立て、目的のかたちをつくるのと、完成形は過程の積み重ねの結果とのちがいである。ローマの直線の道と一定の高さの地形に沿うようにつくられた日本の道を例にしたら、単純に過ぎるだろうか。芦原氏いわく、したがって、前者は完成すればすばらしいが、あとは死を迎え、後者は雑然としながらもアメーバのように、新陳代謝をしながら生き続けるという。

江戸のまち並み

また、日本のまち並みをたどっていて、江戸後期に描かれた日本橋界隈のスケッチ、『熈代勝覧』[4]に出会えた。そこで我が国の大都市商業地区のまち並み・広告景観の美しさを再認識することになった。連なる家並はほぼ軒高や棟高が揃い、屋根は瓦ないし藁葺きで統一、壁は漆喰の場合、白か黒、木は素材色、そこに暖簾、看板、人の衣装が彩りを添える。中でも、どの商店にも間口いっぱいに掛けられた水引暖簾の藍色をはじめ、所々に掛かった長暖簾や日除け暖簾、旗や幟の鮮やかな色彩が変化を生む。他にも建看板、置き看板、掛け看板と多様な広告物があるが、いずれも全体の調子を乱してはいない。また、江戸の室町には越後屋のような、普通の店の何十倍もの間口を構える大店があったが、不思議なことに、これもまち並みから際立つことなく収まっている。どうしてこのような美しいまち並みが生まれたのか、門外漢が容易に立ち入れないが、絵から推測できることは、武士も町人も入り混じって、ゆっくり歩ける道の存在である。物資は商店の裏手にある川や掘割を利用して運搬されていたという。また、制約はあるものの、かなりの部分、町まちの自治が許されていたようだ。

ほぼ同時期のロンドン中心部、チープサイド・ストリートの版画(図3)と比較したい。19世紀中葉は馬車全盛期である。版画はやや道幅が実際より広く描かれているが、整然と並ぶ各商店には突き出し看板がやはり整然と並んでいる。歩道と車道はボラードでしっかり仕切られている。江戸の景観と比べ、何と素っ気ないことか。

話は飛ぶが、最近＜ゆらぎ＞と快

図4:ベルギー中央駅前

図5:ゲント/ベルギー

感が研究されている。その説明の一つに、規則正しい音とランダムで規則性がない音との中間の音で、人に快適感やヒーリング効果を与える音、というのがある。江戸のまち並みにはゆらぎがある。広告景観の大きな指針になるのではないかと思っている。

隣人に対する関心

さて、最後にもう一つ、良質な広告景観をつくる大原則にふれておきたい。先に挙げた石川栄耀は同書の序で「＜個＞に終始するものには破綻がある。これを救うものは常に大道たる＜隣人に対する関心＞をモノサシとして行動を律すれば、必ずそこに爽明な境地が開かれる」と述べている。難しいことではない。写真を見て欲しい(図4)。ベルギーの駅前で撮影したものだが、隣人に対する関心を示した事例である。2棟のビルのどちらが先に建ったかは定かではないが、それはどちらでもよい。左手のビルは二つの塔を持っている。形は曲線と直線の差があるが、塔のボリュームは右のビルに近い。そのために2棟は3つの山をもって快い連続性を示している。加えて、2棟はもう一つの隣人にも配慮している。フランドル地方に多い階段状破風を持つ伝統建築、歴史への関心である。

2015年5月　　著者

1) B.ルドフスキー　平良敬一・岡野一宇訳『人間のための街路』鹿島出版会 1973
2) 石川栄耀『都市美と広告』電通広告選書 1951 著者は1923年から1924年に欧米を視察
3) 芦原義信『隠れた秩序』中央公論社 1986
4) 『熈代勝覧』については＜江戸の看板＞の項を参照

目次

プロムナード ------ 6

小型看板 ------ 10

アーケードとガレリア ------ 14

フードコート ------ 18

模型・立体看板 ------ 20

野立て広告 ------ 23

景観対応型サイン ------ 26

特別寄稿1：資料に見る広告景観行政の流れ ------ 28

生活の風景 ------ 32

アートのあるまち ------ 35

移動広告 ------ 38

ショーウインドウ ------ 42

オーニングとパラソル ------ 46

旗とバナー ------ 50

屋上広告 ------ 52

シルエット ------ 55

拠点駅と空港 ------ 57

地下鉄駅のアート ------ 60

カオス ------ 62

工事現場の仮囲い ------ 64

テナントサイン ------ 67

こんなところにも広告が ------ 70

ネオンとLED ------ 73

暖簾（のれん） ------ 76

特別寄稿2：良好な都市景観を形成するための屋外広告誘導のあり方 ------ 79

まち並みの色彩 ------ 82

門・ウェルカムサイン ------ 85

公共サイン ------ 89

ストリートファニチャ ------ 93

光の魅力 ------ 96

繰り返しの美と単調さ ------ 98

店構え ------ 100

ポスター掲出装置 ------ 108

リノベーション ------ 113

広場 ------ 116

壁面利用広告 ------ 118

路面・床面 ------ 121

キオスク・移動店舗 ------ 124

壁画とスーパーグラフィック ------ 128

ビルディング・サイン ------ 130

水辺のまち ------ 132

夜景と広告 ------ 135

特別寄稿3：メッセージに心を込める ------ 138

看板と文字 ------ 142

みどり ------ 146

判じ物・遊び心の看板 ------ 148

提灯とランタン ------ 151

江戸から学ぶ ------ 153

あとがき

プロムナード

　景観は当然ながら視覚を通じて認識するものだが、経験からすれば、広告景観の善し悪しは瞬時に見えてこない。何となく気持ちがいいと思う程度だろうか。後で写真を見て、その理由が分かったりすることもある。心もとないが、正直な気持ちだ。ここにまとめた写真はそうしたものだ。ただし、アーケードのまちや水辺のまちは別にまとめているので、どこにでもある歩行者専用ショッピング通りが多い。広告の量はまちまちである。

　見えにくいとはいえ、選んだ理由については述べねばならない。共通している要素は5点ある。まず、1点目は人々がのんびりと歩ける道であること。車やバイクを気にしながら、買物やウインドウショッピングあるいは食事は楽しめない。2点目は、ある程度の店舗密度である。広告景観独特の要件である。3点目は時間に

図1：世界水準と言えそうな街区。千代田区/東京

図2：英国北西部の中心都市チェスター。ハーフティンバーのまち並みが美しい。1976年撮影

図3：上海の観光スポット豫園。夜景は一層華やか

図4：ユトレヒトの商店街　歴史を踏まえ、節度を持った自由を感じる

©M.KUDO

図5：江戸のまちを彷彿とさせる世界遺産ホイアン。サインの形式は統一されている。ベトナム

図6：路面とシュロ並木が美しい。インクー/台湾

図7：赤い提灯が活気を後押し。広州市

図9：ごく普通の道だが皆楽しそう。ポルト

図8：サインは多いが人気のケルンストナー通り

図10～11：トラム、自動車、自転車、人が渾然としたアムステルダムの繁華街。何度行っても新しい発見がある、魅力に満ちたまち

もよるが、人通りの多さである。正月の浅草のように混みすぎてもいけないが、人も景観をつくる重要なファクターである。カップルや家族連れが多いことも要件にしてもいいかもしれない。

　4点目は建築、店舗のファサード、看板、路面、それら全体のかたち、ボリューム、色が緩やかな関係性を持つことである。広告の多寡はあるが、全体として穏やかなまとまりを示していることが重要である。

　5点目は絶対条件ではないが、樹木や水、ストリートファニチュアの存在である。夏場の木陰はそれだけで人を引きつけるし、落葉樹であれば、季節ごとの表情を楽しませてくれる。小さなプランターに植えつけられた草花も、点々と置かれることで、石づくりのまちに和らぎをもたらす。また、水の魅力も絶大である。小さな水飲み場、噴水、池、運河、川、海と規模もシチュエーションも様々だが、どこも人を引きつける。水辺の開発ほど成功率の高いものはないのではないかと、経験から思う。

　広告景観としてもっとも重要なのは4点目である。繰り返しになるが、道空間を構成するそれぞれの要素、もちろん屋外広告も、穏やかな関係性を持つことである。そのために、上から規制の網をかける方法がある

図12：高名な詩人に世界に一つだけの道と謳わせたランブラス通り。バルセロナ

図13：歩行者と車の共存を目指し改修。魅力を増したロンドン中心部。セブンダイアルズ

図14：ミュンヘン郊外、エルジングの中心地区。多彩な家並だが屋根瓦は統一している

図15：広告も付いているが、絵のように美しい

図16：建物の形状や色彩、看板の位置、掲出高、色彩などすべてが調和し人々の表情も明るい。ヘースティングズ／英国

が、もっと我々に相応しい簡便な方法は、本書の＜まえがき＞でも記したように、個に固執せず、隣人、つまり周辺に配慮することである。時間をかけて糸を紡ぐように、どことなく気持ちのよいまち並みは、時間をかけてできてくるのだ。

図17：人どおりが絶えない明洞地区。ソウル

ポルト駅前の光景。ポルトガル

図18：明らかにこの道はのんびりしている。ケンジントンハイストリート／ロンドン

9

小型看板

　優れた屋外広告の条件は、small, legible, beautifulと韻を踏んで表現できる。ここでは第1の条件、小型の看板を集めた。小さい看板は実はとても大切なものである。小さければ、低く掲出しないと見えない。そのため、広告は目の近くになる。とすれば、製作は念入りにならざるを得ず、仕上げの技が試される。しかも、山椒のようにぴりりと辛く、人の気を引かなくてはならない。デザインレベルは上がる。

　最近は、必ずしも小型ではないが、低い位置に看板を置く事例が増えた。もちろん景観との関係は良好である。第2条件のレジブルとは、判読性と訳され、見やすくかつ理解しやすいことである。もっとも、料亭など高級になるにつれ、看板から色が抜け、小さくなり、多分、見てそれと分からないほどになるものもある。一見何気なく、実は細微な所まで気を配っていて、雰囲気でそれと知らしめるのは、相当な技である。いかにも日本的で、見方によれば、若干不健康でいやらしくもある。そして第3は美しいこと、魅力的であることだ。ただし、この美しさにも条件がつく。広告はファインアートと違って、自己完結するものではない。隣り合う広

図1:説明無用な明快看板。ウィーン

図2:ボタンの穴が頭文字。スイスの紳士服店

図3:雨の夜にふと見せた看板の温もり。神田

図4:英国コッツウォルズの村にて

図5:ロンドン交通博物館。縞の色は路線色

図6:英国のボクサー犬繁殖場。ポンデローザ

図7:鳩居堂の入口右手にある彫像。銀座

図8:メガネ屋の定番。マドリッド

図9:赤と黄の中で目立っていた料理店。台南

図10:Hでホテルか病院と分かる。リスボン

図11:グラフィックがすばらしい。サイゴン

図12:伝統的な盾型を残すシンプルなサイン。特に文字が美しい。ミュンヘン

図13:テーラーを見事に視覚化。ドイツ

図16:都市近郊に住むことは英国ではステイタス

図14:柱の頭に牧場名のカエルがいる。英国
図15:とにかく人目をひく。バース/英国

図17:上の文字ははげているが分かる。リスボン

図18:ノーフォークの村標。ウェルカムサイン

図19:オックスフォードの路地に看板が誘う

11

図20：&の魅力をそのままシンボルにした

図21：職人の腕が感じられる、小型看板の名作

図22：ステーキ店もビジネス街ではこうなる

図25：ルイナールはシャンパンの有名メーカー

図23：Wで知られる英国最大の書店チェーン

告や、背景のまち並みや自然と呼応しなくてはならない。さらに言えば、それがまち並みの魅力を高めるような〈美〉であることを求められる。したがって、調和と言い換えてもよい。都市計画や屋外広告に多大な業績を残した石川栄耀は、多くの示唆に富む言葉を残している。その中に、美しいものしか、人の記憶に残らないと言い切るフレーズがある。たしかに、目を引く美しさがなければ、記憶どころか、見向きもされないだろう。

家紋

さて、小さくてもインパクトのある看板はどうすればできるだろう。それにはまず日本の伝統、家紋を思い出して欲しい。武士の家紋は戦国時代、戦場で武勲を認めてもらうために、遠方からも識別しやすく、また敵に対して威嚇の意味もあっただろう。関ヶ原の合戦図屏風など見ると、

図24：世界的チェーンだがサインは控えめ

図26：沖縄国際通りのアロハシャツ店

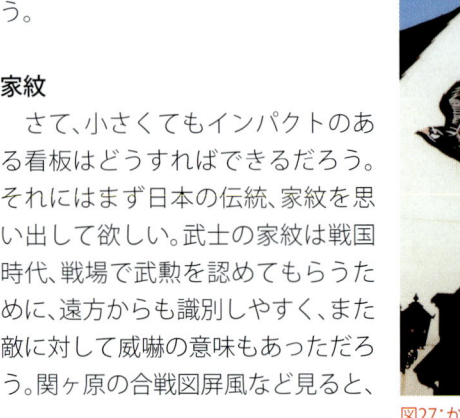
図27：からすという名のパブ。壁の絵と呼応

図28：環境にとけ込むようなパブサイン

確かにシンプルで力強いものが多い。家紋帳を眺め、名称などと重ねて見ると、その高いデザイン力に感心せざるを得ない。明治以降、都道府県、各自治体はそれぞれシンボルマークを持つことになるが、造形的観点からすれば、ほとんどが話にならないくらいレベルが低い。

　本題に戻れば、伝統的家紋のようなデザインを目指すのが、小さくて優れた看板をつくる上での指針である。そして着物の紋（普通直径1寸、約3センチ）までとは言わないが、縮小して、見えを確認したらよい。デザインに厳しい条件をつけたほうが、よい結果が得られるとは、よく言われることである。

図29：再現されたグローブ座のロゴ。ロンドン

図30：ヘアスタイルと記されている。ステンドグラスがそれらしい。アムステルダム

図31：特大シュニッツェルで有名な店。ウィーン

図32：シルバーアクセサリーのクロムハーツニューヨーク店の小さなサイン

図33：小さいが存在感は大きく工芸品そのもの

図34：しっかりしたサインだが高所にあって残念

アーケードとガレリア

B.ルドフスキーは、アーケードやガレリアを高く評価し、街路を人間化する有効な装置と、多くの頁を割いている。「アーケードとはアーチのかかった通路あるいはその連続によってかたち造られた歩道」[1]と定義し、本項でも紹介するロンドンのバーリントン・アーケードはこの定義には該当せず、イタリアのガレリアに相当する内部通路のことだと興味深い指摘をする。ガレリアといえば、ミラノのビットリオ・エマヌエレが、世界で最も華やかで壮大なガレリアとして知られる。一方、中国はじめアジアやヨーロッパにも広く見られる建物の1階部分をセットバックして歩行路にする形式がある。柱廊(ポーティコ、コロネード)と呼ばれ、一方が開けた半内部通路といえよう。我が国にも新潟県で見られる雪よけの雁木(がんぎ)や秋田県の小店(こみせ)は類似のものである。双方とも歴史的な歩行者道で、独特の風情を持つ、郷土の遺産である。

アーケード

さて、乱暴だが、ここでは天蓋のある街路をまとめてアーケードと呼ぶことにして話を進める。商店街のアーケードは全天候型で、最近の気候変動とも絡んで、今後も増加が見込まれる。郊外型巨大ショッピングセンターは、外観は箱形だが、空間的にはアーケード街に極めて近い。もっとも、大分県臼杵市中央通りのように、アーケードの老朽化に伴い検討の結果、撤去した事例もある。たしかに、色濃く残る城下町の端正な空間にアーケードは調和しにくく思われるし、天蓋をはずしたことで、個々の商店はこれまで以上に、建物や店構えに工夫を凝らすようになり、集客にも効果を上げていると聞いた。今後の発展が大いに期待され、注目すべき事例である(p17図16)。

図1:バルセロナ北東約100kmにジローナはある。旧市街は中世の骨格をそのまま残す

図2:小さな柱廊だが正面のロイヤルオペラハウスの紋章が美しい。コベントガーデン

図3:黒塗りのショーケースに金文字はいかにも英国的で高級感がある。バーリントンアーケード

図4:豪華な室内のような柱廊。チューリッヒ

図5:世界遺産の開平見学の帰路訪ねた柱廊のまち。天井の高さ故か、開放感の強い柱廊。広州郊外

図6:聖地サンティアゴ・デ・コンポステーラの旧市街地は世界遺産。アーケードも陰影が深い

図7:庇裏が鏡面で不思議な空間を見せていた

図8:ロンドンのブランド街にあるローヤルアーケード

図9:米国クリーブランドのThe Arcadeは1890年完成。米国で最初の大規模ショッピングモール。1960年代 Martin Linsey HABSが撮影

15

図10:こみせと呼ばれる和製柱廊。黒石市/青森県

図11:横浜元町の各商店は1階部分を下げ舗道にし、独特の快適な通り空間を創成

図12:オリエンテ駅に繋がるSC。透明感が強く温度は制御されているのに太陽を感じる

図13:建物とは別なアーケードだが、レンガの本格的建造物で重厚さがある。三峡/台湾

アーケード街と個性

今の日本の大規模アーケードは、2階の屋根の高さはあるため、圧迫感はない。同じ規格の看板、一定間隔の装飾、床面のデザイン、個々の店舗ファサードに工夫を凝らしているのだが、何か物足りない。アーケード全体としての個性が見えない。欧米のアーケードと比べるのは無理な気もするが、欧米のものは、極端に言えば、個人商店はパーツに過ぎなく、与えられた強烈な枠組みのなかで、ショーウインドウ化している。つまり、重要なのは全体である。我が国のものは、既にあるまち並みに屋根をかけて、くくったものだ。一つ屋根の下に並んでいる個々の店は従来通り。つまり、誤解を恐れずに言えば、大きめの市場やマーケットに近い。みんなが頑張り過ぎて雑然としており、全体としての魅力が乏しい。日常生活の便利な空間としてはもちろんこれで十分かもしれないが、さらに上質なショッピングモールを目指すなら、あるいは、他との差別化で集客を狙うなら、来訪者が場の雰囲気をもっと楽しめるものにしたい。その場合、個はあくまでも全体を形成する部分に徹し、大胆に個性豊かなアメニティ空間造りを目指すべきだろう。

図14：パサージュと名付けられたフロア。新丸ビル

図15：日本最大の断面積を誇る大分市のガレリア

図16：臼杵市中央通商店街。かつてはアーケード街だったが、店構えが変ってきた

1) B.ルドフスキー　平良敬一・岡野一宇訳『人間のための街路』　鹿島出版会　1973　p71

図17：大阪心斎橋筋商店街。アーケードの典型

図18：ダイナミックで豪華な商業空間。横浜みなとみらい地区ランドマークプラザ

フードコート

　1980年代に米国の空港やショッピングモールに現れたというフードコートは、いまやすっかり国際的な広がりを見せている。セルフサービスが基本で、出店数は100を超えるものから、数店のものまでバラエティーに富んでいる。比較的安価で、多様な料理の中からチョイスでき、わいわいがやがやと騒がしいのが特徴のようだ。一人で旅する場合や急ぐ場合も重宝である。ところが、最近は有名ホテル内に、特徴を持ったフードコートが現れたり、ここで紹介するような、レストランとの中間的なものまで出てきて、従来の安価さや手軽さと違う路線が見えはじめた（p19図5～10）。まだまだ新しい展開が期待できる。それぞれの店舗のサインもお仕着せの枠内に収めるものから、次第に店舗の個性を小さな間口全体で表わすものに変ってきているように思う。その点では、ショップサインの一足先を行くものとも見える。台北のものは、雨はしのげるが半屋外で、一時期流行った屋台村を思わせる。さらに、いつもは閑静なつくば市の歩行者道も祭りの時は、食べ物の屋台がずらっと並び、さながら期間限定のフードコートのようだ（p19図13）。

図1：フードコートとはうたっていないが、中部国際空港セントレアの一景

図2：台北のスポーツ公園の横につくられたフードコート。この一画は店内でも食べられる

図3：図2と同じ空間だが、こちらは完全に半屋外。風が通るので夕方から人で溢れる

図4：ベトナムホイアンの市場に隣接するフード

図5～10：新形式のフードコート。入口は一つだが中は料理ごとに分かれ、デザインも高級感を演出。ホイアン/ベトナム

図10

図11：倉庫をリノベーションした中のフードコート。若者向けにか、賑やかな設え。横浜

コート。看板はなく、置かれた食材と店主が看板

図12：ジェラート屋だろうか、雰囲気が独特。横浜

図13：原色の屋台が並ぶ期間限定フードコート？

19

模型・立体看板

　模型・立体看板にも様々あるが、どれを見てもわくわくするのは私だけだろうか。中にはグロテスクなものや、周辺との釣り合いが心配なものもあるが、通行人の目を引きつける度合いは平面に比べて相当高いだろう。自治体のご当地キャラや子供たちが夢中になるキャラクターに通じるものかもしれない。動きがあるのもこの種の看板の特徴だ。みんなが知っている模型・立体看板の代表は、脚の動く例のカニだろうか。道頓堀のカニの近くにはタコやフグもいた。神田の漢方薬の店頭には精巧なスッポンもいる(p21図10)。40年も前にイタリアで撮影した鍵屋の店頭には、3次元コピー機で拡大したような鍵がいくつも下がって、今も記憶にある。これらはいずれも扱っている商品をそのままモチーフにして拡大したものだ(図3)。

　一方、熊、鹿、ライオン、鷲、白鳥などの模型・立体看板はヨーロッパで見るものだが、ペットショップのものではもちろんない。ホテルやインなどサービス業が、旅人の目印に、あるいは威厳を感じさせる伝統的な看板である。土地に因む貴族の紋章や国のシンボルからのモチーフが多く用いられ、物語を宿すことが少なく

図1:ロココやアールヌーボー様式が混ざる、珍しい看板。元々は宝飾店とのこと。ポルト

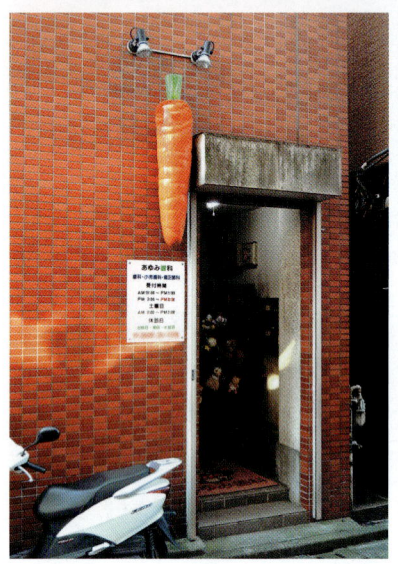

図2:なぞなぞのような歯科医院のサイン。青梅

図3:三次元コピー機はまだできていない時代

図4:細かいところまでよくできている。赤坂

図5:工場跡再開発、初期成功例のキラデリスクエアの一棟。サンフランシスコ

図6:樽と文字の関係が美しい。撮影地不明

ない。ただし、フランスで見た馬の頭部の看板は、馬肉屋の定番であった。少し変わった所では、オランダの薬屋の看板がある。赤い帽子やターバンを巻いたこわいおじさん（ムーア人）が、大きく口を開けて、真っ赤な舌を出している。ゲーパー（gaper）と呼ばれ、舌の上には薬が乗っている場合もある（p150図14）。魔除け的な感じが強いが、迫力ある立体看板である。ユトレヒトのマールセンにあるオランダ薬局博物館には150ものゲーパーがコレクションされている[1]。

江戸時代の看板にも、煙管屋、櫛屋、筆屋、八百屋などの模型・立体看板がある。いずれも若干デフォルメされている。このデフォルメが商品の特徴を際立たせていて、センスのよさにいつも感心する。元来、模型看板は文字の読めない人に向けたメッセージと考えられる。分かりやすさからすれば、文字はもとより絵や写真より優れている。しかし、それよりも、より強く目を引く伝達の手段としてつくられているのは明らかだ。

模型・立体看板はもっぱら、歩行者に向けたものである。移動する車中からでは、職人の技が十分に見えない。銀座4丁目の鳩居堂ビルの入口脇には店名に因む、数羽の鳩のブロンズ像が付いている。ご存知だろう

図7：美しい街並で知られるバーンホフ通りに花を添えている。屋外広告には見えない

図8：たこ焼き屋にしては迫力がすごい。大阪

図9：本物のようなふぐ料理屋のサイン。臼杵市

図10：強壮剤やスッポン料理も商う。神田/東京

図11：台湾で有名なパン屋。三峡老街店

か。筆者は最近になって気がついた。鳩はほぼ実物大だから、サインとしては控えめである(p10図7)。こうした看板がもっと目立つようになれば、銀座の広告景観は一層魅力を増すだろう。しかし、車に対応した模型・立体看板もなくはない。屋根の上や高いポールの上に置かれている。当然ながら規模は大きくなり、表現も強く荒くなる。中には時間の経過とともにランドマークとしてみんなに愛されるものもあるだろうが、一般的には周辺景観への影響が強く、避けたほうが無難である。

1) http://www.gevelstenen.net/kerninventarisatie/items/gapers.htm

図12:素朴さで統一。サンチャゴ/スペイン

図13:道頓堀ならこの看板も異質ではない。大阪

図14:最近この手のかわいい看板が増えている

図15:金融の中心ロンバード通りのシンボル

図17:うちわの港ミュージアム前に立つ。丸亀市

図18:彫像のように鎮座する広告。オリエンテ駅前

図16:アンティークショップ。ゲント/ベルギー

図19:堂々とした実物看板。つくば

図20:天馬らしき動物がビルを貫く大胆なオブジェを看板と言えるか。広州/中国

野立て広告

年輩の方は、列車の窓から見た、田畑の中に建つ、学生服や薬品の大型広告の記憶があるに違いない。列車の旅につきものの光景であった。子供であったから、見苦しいとも思わなかったが、それがいつの間にかあまり見かけなくなった。しかし、全くなくなったわけではない。インターネットに東京から大阪までの新幹線沿いの（大阪に向かって左側のみ）野立て広告を観察した記事が目に留まった。調査者は野立て広告を「野に咲く花」と言い、結果、掲出企業・団体名と個数など調べていた[1]。また、野立て広告の数と経済状況を関連させる見方も紹介されていた。多様な見方があるものだ。

図1：矩形から画像がはみ出るダイナミックな映画広告。場所は市内で米国でも稀な事例

図2〜3：リスボン国際博覧会(1998)会場を囲むように建てられた。ポルトガル

図4：製作中の広告。人からその巨大さが分かる

図5：台湾・中国では今も竹が大活躍。桃園

鉄道沿線広告には、通常、鉄道用地から30m以上離す、高さは5m、表示面積は30㎡未満、さらに自然景観を損ねないために、地色に黒及び原色の使用は禁じられている。ただし、自社の敷地や商業地の場合はこの限りではないと定められている。英国の友人などと屋外広告の話になると、日本の基準は一桁違うのではと言われる。確かに、30mは近いし、30㎡は大きい。道路脇となるとさらにこれが実感される。

図6：照明に浮かび上がったダラスの新聞社の広告。デザインがうまい

23

図7〜8:デザインの参考にしたい選挙ポスター

図9:中国経済改革は深圳から始まる。その礎を築いた鄧小平の看板には観光バスが止まる

道路脇の広告

　先の花の喩えでいえば、野立て広告は現在、高速以外の幹線道路脇に咲き乱れている。もっとも、立地は土地にゆとりがあり、かつ交通量が多い場所が効果的であるから、結果として都心ではなく外周部に集中する。設置間隔など規制は見られるが、運転者からは原色の重なる凄まじい光景に見える。高速道路のインターから出た丁字路にも似た光景が見られる。後者は案内機能を前面に出しているので、なんとか整理する方向が考えられるが、沿道の広告には、それがあまり感じられず、宣伝効果があるのか疑ってしまう。韓国では交差点や丁字路の広告を整理する試みが進行中である(p25図15)。

米国のハイウェイ沿いのOOH

　米国では屋外広告をOOH(アウトオブホーム)広告と呼ぶようだが、それはともかく、道路沿いといえば、米国のハイウェイ沿いの野立て広告に触れない訳にはいかない。まず浮かぶのは1965年、ジョンソン大統領時代に生まれたハイウェイ美化条例(Highway Beautification Act)である。ジョンソン大統領夫人の熱心な後押しがあったと言われる条例で、ハイウェイ沿いの屋外広告の規制と

図10〜11:内容は分からないが、とにかく長大。深圳市

図12〜13:道路が広く植栽も豊かなためか、都市内巨大広告もさほど気にならない。ホーチミン市

図14:サイゴン川沿いに並ぶ公と私の広告。ホーチミン市

24

図15:韓国の丁字路に立つシート広告塔

自然環境の保全育成を目指したものである。70年代後半まで改正が重ねられ[2)]、すべての屋外広告の寸法は規格化され、また、NPOのScenic Americaなどの積極的な活動によって、州をまたぐハイウェイの美観が一定程度守られている[3)]。

学生の頃、バスでルート66にほぼ沿ってシカゴからLAまで横断した。何もない荒漠たる地を延々と走っていると、例の柱の上にのった大きな広告が、極めて人間的に見えたものだ。そして＜この先にガソリンスタンド有り。その先30マイルは何もなし＞とか、＜今夜のホテルはお決まりですか＞などの広告が並ぶ。また、これは聞いた話だが、巨大なサインに、1文字ずつ書かれ、何マイルにもわたっての広告もあったらしい。いずれにしても、広大な国ならではの話である。

日本でこのサイズはあまり見ないが、中国ではよく見るし、台湾や韓国でも見た気がする。特に空港から市内までの沿道に多い。2010年のアジア大会を開催した広州では空港から市内までいっさい広告を設置していない。市長の意向と聞いた。広州の隣、深圳の幹線道路には米国並に、市内の幹線道路に広告が並んでいた。深圳は中国の自由経済時代の先がけとなった町である。

図16:案内サインのあり方を真剣に考えている。トーテムポール風の柱は民俗村への誘導

図17:ローマの新都市とも言うべきエウルの主軸道路緑地帯にずらりと並ぶ広告

1) http://portal.nifty.com/2007/01/19/b/4.htm＜東海道・野立て看板鑑賞＞
2) Highway Beautification Act (Wikipedia)
3) www.scenic.org

図18:映画の看板で町おこしをする青梅駅前

図19:POPと呼ぶべきか、ワインの広告。SF

景観対応型サイン

すべての屋外広告は景観に対応しなくてはならない。景観は様々であるから、必ずしも大人しくするだけではないが、一般には若干控えめにすることが多い。それには小型化と低位置化、低彩度化がある。もちろん＜設置しない＞は除いての話である。ここに集めたのはわずかだが、筆者が目にした典型的事例である。

道路標識

まず、道路標識であるが、普段我々はそれがどれほど環境をディスターブしているかは気にしていないが、一度じっくり眺めていただきたい。その数と大きさに驚かれるのではなかろうか。p27図12は低位置化の事例である。70年半ばに南仏で撮ったものだが、植栽内とはいえ、つまずきそうである。図15は数年前にオランダの高速道路で撮ったものだ。ドライバーの目の高さに近い標識は、遠くの山の稜線を切断していない。ソフトバージと呼ばれる路肩に余裕がないとできないが、わが国でもまだ考える余地があるように思う。メンテナンスも楽そうである。

金沢市は、2006年に周辺環境に調和した道路標識特区が許可され、市内の景観優良地点の道路標識（数点）の面積を従来の50％にしている。小型化したものと、従来のものを意図的に比較すれば、もちろんその差は実感できるが、単体で見ていると分からないかもしれない。極めて貴重な試みだが、併せて掲出高や設置場所まで含めて考えたら、市民にもその意図がより伝わり、さらに大きな広がりが期待できたのではないか。安全に関わることだけに慎重な対応は理解されるが、このままでは惜しい気がする。いずれにせよ、日本の都市景観の重要な課題に挑戦した事例であることは間違いない。

図1：城塞が残る古都アビラの中央郵便局のサインは重厚な石積みに調和。スペイン

図2：アビラのポスト。黄色のポストは似合わない

図3：形や配置を整理すれば格段によくなる

図5：グラナダの小さな広場で見つけた陶板

図4：元気も必要。小低で色はママがいいのでは

図7：上海豫園のスタバ。低い位置に変らぬロゴ

図8：緑の空間と強いロゴのサインが美しい

26

マクドナルド

　さて、世界のどこでも目にするマクドナルドはどうだろう。ロンドンの目抜き通りリージェントストリートや、ウィーン中心部のそれは小さく抑えられ、台湾は、ビルを突き抜けて高い。周囲の状況や国民性を読んでいることが推察される。現在、様々なチェーン店のデザインが見直され、景観対応に配慮しはじめたのは、ありがたいことである。社会が成熟するとはそういうことではないか。

国立公園

　ほかに、わが国の国立公園内サインの茶系化はよく知られている。茶と白で形も揃えられた案内広告など、すばらしいと思うが、一方、見慣れたコンビニやガソリンスタンドのロゴなどが、茶系に変わっているのには、いつも違和感を覚えるが、筆者だけであろうか。茶色がさび色に見えることもある。小型化と低位置化した方が、よいように思うのだが。

図9：歴史的街並保存で知られる奈良県今井町の案内サイン。全国の見本にしたい

図10〜11：左ロンドン右ウィーン。まち並みと共存するサイン

図12：極端に低い40年前の南仏の道路標識

図13：大胆な高雄市のマクドナルド。台湾

図14：村の商店街。近くで賑やか、遠くできれい

図15：オランダ高速道路標識。貨物車より低い

特別寄稿1

資料に見る広告景観行政の流れ

山縣 登
一般社団法人
日本屋外広告業団体連合会専務理事

1. 広告物取締法と広告物批判

屋外広告物に対する規制は、明治期の「広告物取締法」(1911)に始まる。全4条からなる同法は、美観風致の保存と、危険のおそれ・安寧秩序の害・風俗を紊すおそれがあるときは、広告物の表示や設置を禁止又は制限することを目的としている。

この頃の屋外広告物について、幸徳秋水は"維新後30年間、商業広告ほど進歩発達したものはあるまい""近頃の広告は、到る所に俗悪極るペンキ塗の看板を立てて、天然の美景を無残に破壊して行く"と鋭く批判している(「社会主義と商業広告」、岩波文庫『社会主義神髄』所収)。

少なくともこの時期までには、幕末・明治期に日本を訪れた外国人の多くが賛嘆した、田園と都市が一体化し自然の中に溶け込んだ"独特のすばらしい容貌を見せる首都"は、失われたらしい(渡辺京二『逝きし世の面影』平凡社ライブラリー)。

2. 景観形成の理念と方向

その後、「都市計画法」制定(1919)、初の風致地区指定(1926)や美観地区の指定(1933)、全国的な都市美運動の時代を経て、昭和24年(1949)、広告物取締法を全面的に改めた屋外広告物法が制定、施行された。

しかし、都市景観における屋外広告物のあり方についての具体的な提言は、経済の高度成長期が終わったのち、昭和56年(1981)6月に建設省が策定した『うるおいのあるまちづくりのための基本的考え方』の次の記述に始まる。

屋外広告物について、景観形成に寄与するようデザイン水準向上のための方策を講ずるとともに、美観を損なうものについては規制を行う。

これを受けて建設省では「美しい国土建設を考える懇談会(井上孝 座長)」を設けて検討を行い、昭和59年(1984)12月に『美しい国土建設のために──景観形成の理念と方向』を発表した。そこでは「景観行政に携わる主体としては、国・地方公共団体等の行政部門と住民・企業の民間部門とがあり、それぞれの立場に応じて国土の美しい景観形成に積極的に参画する必要がある」として、住民・企業の役割を次のように記している。

① 望ましい景観の形成には、地域に生活する住民一人一人が地域を愛する意識を持ち、自己の住宅の建設・管理からはじまり、一歩進んで近隣との緑化協定、建築協定、美化運動などに至る自主的な行動が大きな効果を持つ。さらに行政側との意見交換の場への参画等を通じて、地域社会における景観形成に取り組むことが重要である。
② 企業も、立地する地域の景観形成に携わる主体の重要な一員であるとの社会的役割を認識し、建築物、緑化、屋外広告物等への景観配慮を行うことにより、率先して地域の景観との調和に努める必要がある。

3. 屋外広告物美観調査

これに先立つ動きとして、建設省都市局公園緑地課と屋外広告業者の全国組織である社団法人全日本屋外広告業団体連合会(以下「日広連」と略)が実施した「屋外広告物美観調査」がある。この事業は、昭和54年度(1979)より建設省都市局が行った「都市景観の整備保全方策の検討調査」の一環で、最初に公衆に対する危害の防止を目的として「屋外広告物の安全基準調査(川名俊次委員長)」が行われ、これにより策定された『屋外広告物安全基準(案)』(1980)を業者に普及させるために日広連が実施した活動は、その後「屋外広告士試験」制度となって今日に続いている。

引き続き日広連が受託して取り組んだ「屋外広告物美観調査(藤田栄一・高村英也・鎌田経世委員)」では、日本を代表するプロムナード・原宿表参道と、自然発生的な都市道路・明治通りの交差する道路約1400mについて、屋外広告物のほか公共サイン、電柱、ストリートファニチャーなどの景観構成要素を実地調査し、屋外広告物と都市景観のあり方を調査研究した。

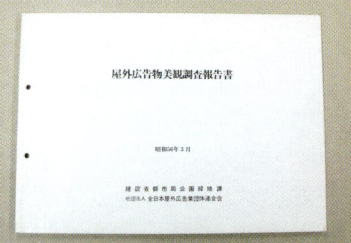

図1:美観調査報告書

この報告書(1982)には以下のように、広告物がもたらす情報の量と質、そしてサイン機能を有する総量を問題とすべきといった考え方から、「屋外サイン」の名称提起、モデル街区づくりの提言も盛り込まれ、東京都などの屋外広告物条例において総量規制が導入されるきっかけとなった。

■屋外広告物の美観を促進するための指針(案)

市街地、商業、業務地区等において、地域住民の自主的な合意に基づき美しい都市景観の形成をはかる場合には、自治体はその地域を「都市景観形成地域」(仮称)に指定して、積極的な助言・援助を行うこととする。

この「都市景観形成地域」においては、指定する地域ごとに次のような指針に従って屋外広告物の美観を促

進するための基準を策定する。
(1) 建築物等の規模及び敷地内における位置との関係
　　a　建築物のセットバックによって前庭が設けられる場合には、屋外広告物も歩道上に突き出さないようにする。
　　b　建築物の高さに適合した屋外広告物の掲出位置と表示方法を考える。
(2) 建築物等の色彩及び意匠との関係
　　a　建築物表面のディテールの美しさを屋外広告物によって覆うことのないようにする。
　　b　建築物表面の色彩と屋外広告物との調和を考える。
　　c　建築物表面にほどこされた意匠と屋外広告物との調和を考える。
(3) 建築物の一階部分及び屋上の形態との関係
　　a　屋上広告物のスカイラインを可能な限り揃える。
　　b　一階部分に掲出する屋外広告物
　　c　二階以上に掲出する屋外広告物
(4) 地域の景観全体との関係
　　a　地域の性格に応じた屋外広告物の掲出を考える。
　　b　地域の性格に応じた夜間照明広告の形式を考える。
(5) 道路からの景観との関係
　　a　サイン機能をもつものの総量をとらえる方法を確立する。
　　b　道路景観を阻害しない屋外広告物掲出のあり方を検討する。
(6) 歩車道との関係
　　a　歩車道の境界領域における屋上広告物掲出を可能なかぎり避けると共に、公共空間としての歩道のあり方を考える。
(7) 屋外広告物の情報量
　　a　ひとつの広告物からの情報量をなるべく少なくし単純な表現とする。
　　b　ひとつの広告物の中で使用する文字の書体の種類を必要最小限に留める。
　　c　ひとつの広告物の中で使用する色彩の種類を制限する。
(8) 美観基準としての不快
　　a　混乱による不快感をなくす。
　　b　あいまいさによる不快感をなくす。

4. 屋外広告物の適正化方策

昭和61年(1986)5月に『日本の都市政策―OECD対日都市レビュー』が発表され、「日本の大都市圏の多くでアメニティ(ある地域の環境の快適さ、調和、一貫性といった状況)が欠けている。車道と歩道の分離、公園の建設、歩道に置かれたものの便利さやデザイン、屋外広告物の取締り、野外、屋内面での活動的なレクリエーション設備といったことに関しては、OECD各国の規準に達していない。」との指摘がなされた。

また同年同月に、建設省都市局長の私的諮問機関である都市景観懇談会(芦原義信座長)から『良好な都市景観の形成をめざして』(1986)が発表され、屋外広告物の適正化方策として、以下のような提言が行われた。

屋外広告物は社会、経済生活における必要な情報を提供する上で大きな役割を果たしている。またその性格上、視覚に訴えるものであり、高さ、大きさ、色彩、形状、意匠等の面で景観と大きくかかわっているところから、屋外広告物の都市景観に与える影響について着目する必要がある。

このため、屋外広告物については、都市景観を構成する諸要素との調和を図ること、地域の個性、特色を生かすこと、民間の積極的な活動と行政側における対応との連携を図ることを基本に、その社会的機能に留意しつつ、良好な都市景観の形成方策の一環として、次の施策を推進する必要があり、その具体的なあり方について屋外広告物と都市景観のあり方に関する調査委員会(仮称)を設けて調査検討を行う必要がある。

① 屋外広告物の高さ、大きさ等については、現在、地方公共団体の条例により具体的な規制が行われているところであるが、地域の個性、特色を生かしたまちづくりが求められていることにかんがみ、土地利用・自然的環境・歴史的背景等の地域の特性を勘案しつつ、屋外広告物の種類等に応じたきめ細かな規制を行うこととし、必要に応じ、地域的規制、掲出対象物件の許可基準などについての見直しを図る。

② 屋外広告物の色彩、形状、意匠等一律の規制になじみにくい分野においては、普及啓発活動、顕彰等を通じ、社会的な合意形成を図る中で、屋外広告物に関する自主的規制、地域における屋外広告物の統合・規格統一、屋外広告物のデザイン向上等、広告掲出者・屋外広告業者・住民等の自主的活動を促進するとともに、屋外広告業者等の資質向上を図る。

③ 屋外広告物について、建築物と一体としてとらえ、地区計画、建築協定等のまちづくりの手法の活用による総合的な都市景観の質的向上を図る中で、その改善を図る。

5. 広告景観施策

この提言を受けて「広告景観フォーラム(日笠端 委員長)」が設けられ、『屋外広告物と都市景観のあり方に関する調査報告書』(1987)が取り

図2:屋外広告物と都市景観のあり方に関する調査報告書

纏められた。

この調査委員会を広告景観フォーラムと称し、報告書でも以下のように広告景観施策と題したことから、こののち「広告景観」が社会に普及し、「景観広告」という語も生まれることとなる。

■広告景観施策のめざすもの

屋外広告物の本来の機能を尊重しつつ、表現の自由、営業の自由等が損なわれることのないよう配慮して、国民全体がその努力で優れた質の高い広告景観を作りだすことが求められており、このことにより、人々が愛着を持ち誇りとすることができるような街並みの整備や、更には国際化の中で世界的評価に値する都市美の実現をめざしていく時代がまさに到来しつつあるといえる。

このような中で、屋外広告物行政の面でも、従来ややもすると安全上あるいは美観上最低限の基準設定という観点から、ともすると規制一辺倒になりがちな姿勢を見直す必要がある。そして、必要な規制を維持、充実させつつ、これと併せて地方公共団体、広告業界、広告業者、地域住民等の自主的な取組みを重視し、より優れた広告景観の創造を誘発・支援していく方向での方策の展開を着実に推進すべきである。

■広告景観施策の基本的考え方（抜粋）

広告景観施策の推進に当たっては、創造性にあふれ、優れた質の高い広告景観の実現をめざし、次のような基本的な考え方に沿って具体的な施策の展開を進める必要がある。

① 都市景観の多様性・地域性の尊重……施策には自然的・歴史的環境等の地域特性や都市内の位置及び土地利用に基づく地区の特性を十分に考慮すべき

② 地域からの展開の重視……市町村等の地域の諸主体（市町村や地域住民等）の積極的役割を評価し、その主体的な取組みを助長・促進

③ 柔軟な対応……地域社会の都市景観向上への意欲や、その形成活動を幅広くしかも選択的に受け止めることができるような柔軟な対応の仕組みを用意

④ 段階的な対応……既に良好な都市景観をめざして各種まちづくり事業を実施している地方公共団体等が、広告景観の形成にも深い関心を示している地域を中心として積極的な対応を行い、ひいては、都市全体の広告景観を向上させていくという段階的展開が最も現実的かつ効果的

⑤ 広告主・広告業界の役割……広告関連主体の自主的な取組みの助長、優良業者の育成、優れた屋外広告物の奨励等

6．標準条例（案）への反映

その後、平成4年（1992）に建設省告示に基づき「屋外広告士」試験制度が誕生し、引き続き建設省公園緑地課では「屋外広告物制度のあり方検討委員会（川名俊次 委員長）」を設けて制度の検討を行い、最終報告（1994.3）において次のような項目についての提言が盛り込まれた。

■屋外広告物制度の見直しについての具体的施策

1　屋外広告物の規制態様のあり方について
　（1）地域の特性に応じた規制のあり方
　（2）広告物活用地区制度の創設
　（3）広告景観形成地区の設定
　（4）広告物協定地区制度の創設
　（5）許可期間等の見直し
　（6）適用除外制度の見直し
　（7）管理義務の実効性の確保
　（8）経過措置
2　違反広告物対策について
　（1）簡易除却制度
　（2）違反広告物に対する指導等
3　屋外広告業のあり方について
　（1）屋外広告業の現状と問題点
　（2）屋外広告業に関する見直し
4　普及啓発について
　（1）普及啓発の現状
　（2）今後の普及啓発のあり方
　（3）具体的な取り組み
5　屋外広告物に関する事務の市町村への委任等について
　（1）市町村への事務委任等の必要性
　（2）市町村への事務委任等の具体的方向性

これらの提言は「屋外広告物標準条例（案）」の改正（1994.12）に反映され、「広告物活用地区」「景観保全型広告整備地区」「広告物協定地区」の地区指定が生まれ、工事現場の仮囲いが適用除外となって広告物の掲出が可能になるなど、その後の屋外広告物条例の改正に大きな影響を及ぼした。

7．屋外広告物法の大改正

屋外広告物法が制定されてから50年目に当たる平成11年（1999）11月、『屋外広告物基本問題検討委員会調査報告書』が取り纏められた。

この委員会（豊口協 座長）は建設省公園緑地課のもとに設けられ、①

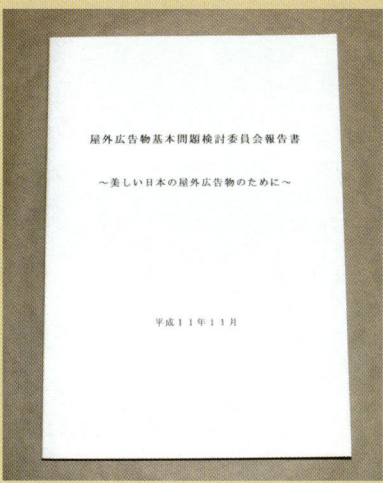

図3：基本問題検討委員会報告書

成熟社会における都市のあり方、②都市の美しさの国際比較、③屋外広告物規制システムの再検討、という観点から、1年間にわたって検討を行ったもので、フランス、ドイツやアメリカ（日広連担当）の屋外広告物制度を調査するなど充実した内容となっている。

この報告書における、制度改善のための方策としての提言は、以下のとおりである。

■屋外広告物制度の改善のための諸方策
1　屋外広告物規制の合理化
　（1）屋外広告行政の基本理念と施策の方向
　　①「景観」理念の導入、②良好な広告景観形成のための制度改善
　（2）関連する制度の改善
　　①規制対象とする屋外広告物の範囲、②規制白地地域の解消、③自動販売機の取扱い等
2　屋外広告物規制の強制力確保
　（1）簡易除却制度の拡充
　　①対象の拡大、②簡易除却に要する費用の求償
　（2）義務履行確保のための新たな手段
　　①強制金制度、②公表制度
　（3）広告物設置者名等の表示の義務づけ
　（4）広告主の責任の明確化
（5）公共掲示場の整備

　これらの提言は、「景観法」の制定（2004.6）と合せて行われた「屋外広告物法」の見直しに反映され、以下のような大幅な改正が行われて、今日に至っている。
（1）第1条・目的に「良好な景観を形成」を追加
（2）人口5千以上の市街的町村の区域についての制限を削除（白地地域の解消）
（3）広告物の表示等の禁止に景観重要建造物、景観重要樹木を追加
（4）除却した広告物等の保管、売却又は廃棄（新規）
（5）屋外広告業の登録等（新規）
（6）登録試験機関（新規）
（7）景観行政団体である市町村の特例（新規）

生活の風景

　まちには、おしゃれをして歩きたい目抜き通りがあれば、日常の生活を支える普段着の通りもある。旅人にはそのコントラストも楽しみの一つだ。後者の典型はマーケット、スーパー、市場である。とりわけ、野菜や果物、魚、肉がところ狭しと並び、売り子と客の声が響き合う生鮮市場の雰囲気は活気に満ちて独特である。景観として改めて見ることは少ないが、私は美しいと思う。しかし、これにも国柄や地方色があって、フランクフルトで覗いたマーケットは、肉も魚も整然とディスプレイされていた。私たちには商品としての生の魚を飾り付ける慣習はないが、ロンドンのハロッズはそのディスプレイがしばしば話題になる。魚ばかりか肉も同様である。われわれは元の姿を想像させないように気を配るが、動物の頭をどんと中心に据えたディスプレイも少なくない。

中国のシーフードレストラン

　話は飛ぶが、中国、広州や上海の大きなシーフードレストランはさながら小さな市場のようであった（図5）。明るい店頭に並ぶ魚介類は生きていて、生け簀や、たらいのような入れ物に無造作に入っている。店員に

図1:大通りから一本入ると別世界、生活の風景が広がる。カラフルな米袋がそのまま看板に。広州市

図2:医療関連の看板だけが見える。広州市

図3:生活の風景そのもので、これも美しい

図4:仮設日除けの市場は健康感に満ちていた

図5:食は広州にあり、だけあって魚といっても多彩

図6:食べたいものを選び調理法を指定する

図7:オールドデリーの目抜き通り

図8：香港の魚市場、通路の細さがいい

食べたいものを指差して調理法を指示する。このやり取りは、食事をいっそう楽しいものにするらしい。筆者には、見たこともない、少し恐ろしい生き物もいて、食前を楽しむゆとりはなかった。

一度加工され、無臭無菌状態にパッケージされたスーパーの食品売り場に慣れた者には、動物の大きな肉の固まりや内臓などを目の当たりにすることだけで驚きに近い。こうした感覚は健康的とはいえない。

図9：牛が引く巨大荷車がゆっくり進む。デリー駅近くの露路

図10：野菜も彩り鮮やか。ベトナム

図11：電飾看板と地上が別物のように見える

図12：昭和の香りが残る風景。小倉

図13：オールドデリーのまちかどで

図14：取引先から贈られた木製の看板が見事

33

図15:路上の商いを日本ではすっかり見ることが少なくなった。コペンハーゲンの目抜き通り

図16〜17:美しくディスプレイされた市場

鮮度のよい文字

　鮮度が命の商品にはそれなりのデザインがある。値札を書いている本人はそんなことを意識していないかもしれないが、見事なデザインが多かった。筆者は商人の家に育ったから、杉の薄板に黒と赤の墨を巧く使い分けて、生きのよい文字を独特の筆致で書くのをよく見たものだ。しかもたいてい、商品のそばで立って書いていた。洋の東西を問わず、庶民的な食堂や飲み屋では今でも、今日のおすすめやら、何々焼酎本日入荷など、手書き文字を今も見ることができる。しかし、残念なことにフェルトペンが大半だ。魚市場まで探しに出かけたが、生きのよい筆文字は見つけることができなかった。もちろんパソコンの普及と無縁ではない。

図18:ロンドン近郊ブリックストンの魚屋

図19:スペインの聖地サンチャゴ市内の花屋と八百屋

アートのあるまち

公的空間におけるアートの効能を簡明に説くことは筆者には難しいが、予期せず出くわしたアートを楽しむ術は人後に落ちない。バルセロナ旧市街で巨匠チリーダの彫刻の脇でコーヒーを味わったこと、シカゴ中央郵便局前の高さ16mもあるカルダー作品、フラミンゴの下を、大きな荷物を抱えて通り抜けたこと、パリ・デファンスでは、水中にたゆたうヤコブ・アガムの色に見入ったことなど、次々と浮かんでくる。優れた芸術との出会いは、人生を充実させる。こうした巨匠のアートではなくても、

図1:オランダの人気作家で教育者のテオ・Thijssenの彫像。環境とよく調和して美しい

図2:海風に揺れるオブジェ。ブラックプール

図3:デファンス駅から遠くのエッフェル塔に向かって少し歩くとある、巨匠ヤコブ・アガムの作品

ウインドウの隅に生けられた花や、優れた看板、広告類も、少し視点を変えればアートに匹敵するものは少なくない。芸術やデザインを大切にするまちには、自ずと品格が生まれる。

パブリックアート

わが国にも、名将や偉人の像は各地にある。しかし、それらはアートとして認知されるより、誰々の像として、記号性と記念性が強い。アートとは、極論すれば象徴性を持たなくてはならない。そうした意味では、ヨーロッパの古都で見るような、聖人の像も似たようなものである。しかし

図4:興味深い水牛の彫刻。台中/台湾

図5:オランダ国鉄の車両。いろいろあって楽しめる

図6:たなびく雲と題する最上壽之氏の作品。横浜

35

ながら、多くの宗教画が、聖書に題材をとりながら、イラストレーションと呼ばれず、貴重な芸術と捉えられているように、洋の東西を問わず、銅像も強い象徴性、精神性を備えたものは、イコンを超えてアートとなる。

　それはさておき、現代の作品、パブリックアートはどうだろう。半世紀ほど前から現れた、環境と作家がインタラクティブな関係において制作するような事例や、作家の自由な感性を環境に拡大して解き放ったような事例が現れるのは、1960年頃からである。高さ15mのマントヒヒのような鉄の彫像、シカゴ・ピカソは1967年につくられた。その重量は162トンもあるという[1]。オルデンバーグの最初の巨大彫刻、高さ13.7mの《洗濯ばさみ》がフィラデルフィアの中心部に設置されたのは1976年である。いずれもパブリックアートの代名詞のような作品で、都市景観に与える影響は極めて大きい。スケールは異なるが、台北地下鉄の台大医院駅ホームの手の彫刻作品はベンチとしてそれに座ることができる。人が触れる部分は光って、その存在感は一層増し、駅のアイデンティティ・サインとしても機能している（p61図8）。

　ところで、彫刻には近年、興味ある傾向が見られる。環境にとけ込むような作品で、設置場所も、例えば階段の踊り場であったり、公園のベンチであったりする。それらにはだまし絵的面白さと、自ら並ぶことができる、等身大の親近感、その場ならではの物語性がある。景観のアメニティと質を高めている。

コマーシャル写真

　コマーシャル写真も面白い。先頃も抑えた色調の、どちらかといえば平凡な人物写真だが、どこかに緊張感のある、明らかにアートな広告を見た（p37図18）。出力技術の進歩で、まちには大きくクリアーな映像があ

図7〜8：フンデルトヴァッサーの公共住宅。ウィーン

図9：LAバンカー・ヒル近くで撮影

図10：水面に揺らぐ鉄の巨大彫刻。ベルリン

図11：バルセロナ旧市街、王の広場のチリーダ作品

図12：パリ・デファンスの象徴。カルダーの彫刻

ふれているが、芸術性の高い映像は、それほどの大きさも、明るさも必要とせずに、強く人の目を引く。

　欧米の工事現場の仮囲いは、広告規制が緩く、教会であれ、都心の一等地であれ、周辺に沢山の広告がひしめくのだが、p64図1の事例はコマーシャルながら、ひと味ちがって、野外ギャラリーのようで、逆に広告効果は極めて大きい。屋外広告が芸術と呼ばれる質を目指せば、社会的評価は確実に上がり、掲出の方法や規模も、より適正化されるのではと期待している。実は広告と芸術は極めて近い関係にあるのだ。

図13：セントポール大聖堂に隣接する再開発ビル。アートと建築の関係が見事。ロンドン

1) http://ja.wikipedia.org/wiki/シカゴ・ピカソ
2) ©KEI. NISHIKAWA

図14：演出写真のようだが全くの偶然。香港

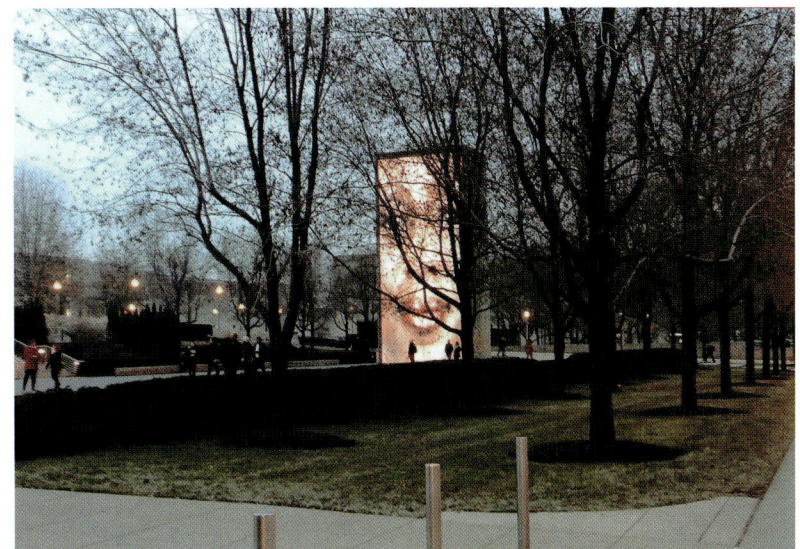

図15：1000人の市民の顔を映し出すガラスの噴水のオブジェ。シカゴ観光の目玉の一つ[2)]

図16：左の2体が彫像。パディントン新開発地区。ロンドン

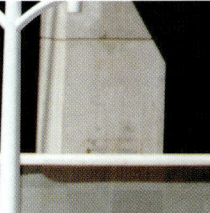

図17：だまし絵的彫像。コペンハーゲン空港

図18：思わず引かれた写真は広告アート。東京

移動広告

　移動する広告をまとめてみた。その原型はもちろん人である。サンドイッチマンは現役だし、派手な衣服を身につけて片手にハンドベルを持ち、書状のようなものを掲げて叫ぶクライアー（crier、bell man）は、映画などでもおなじみだが、こちらも現役である。英国王子に二人目のお子さんが誕生した際、待ち構える群衆に向かって、飾り立てた衣装の男性が、"It's a girl, It's a girl"と叫んだのをニュースで見た。これがまさしくクライアーである。とはいえ、現代の移動広告は、ラッピングされたバスや電車、時に飛行機までを含む交通機関であろう。その他にはアドトラックやイベント会場などの可動式液晶モニターも含めた。

　わが国で思いつくのは、チンドン屋である。1960年代のTVの普及とともに衰退したと言われるが、地域限定の強烈な屋外広告メディアだった。筆者の記憶にあるのは、着物姿の男性はまげを結って刀を差し、太鼓と鉦（しょう・金属製の小さい皿状の打楽器）を前に抱え、背中にはポスター、頭上にはしばしば日傘も括り付けてあった。ほかに大太鼓を持つ着物の女性、クラリネットを吹く人や、チラシの配り手も含め3〜5人程度で町内を演奏しながら練り歩いた。その音を聞くと走り出す子供も多かった。1950〜60年代がピークだったようで、1950年ころからはその技を競う全国大会も催されたという[1]。

ラッピング

　さて、ラッピングであるが、公共交通機関であるバスに全面ラッピングが現れるのは1970年以降である。筆者が初めてサンフランシスコでクッキーの写真が窓まで貼られたバスを見たのは1972年である（p39図13）。その後、75年にベルリンでも目にした。そのとき聞いた話では、ラッピン

図1：宝くじの宣伝カー。ロンドン、1826年[2]

図2：馬に乗ったサンドイッチマン[3]

図3：巨大スーパー新系列の宣伝。ベルギー

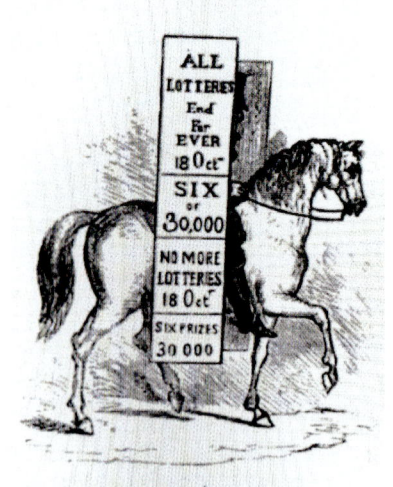

図4：丸ごと広告のベロタクシー。ミュンヘン

図5：NYのサンドイッチマン。移動広告の原型[4]

図6：アド自転車？環境には優しそう。コペンハーゲン

図7：サーカスの宣伝をするアドモバイル。英国

図8：初期のバスも走る広告。英交通博物館

図9：40年程前に撮影したもの。デンマーク

図10：大きな背面はデザイン力を発揮できる

図11：コーポレートカラーを全面に出した飲料メーカーの配送車。スペイン

図12：アウトレット送迎バス。アシュフォード

図13：サンフランシスコで初めて見たラッピング

図14：どこにも広告らしきものがない

グが許されたのは全車両の5％程度だそうだ。したがって、たまにしか出会わないためインパクトも大きかった。もちろん、デザインも練られたものが多かった。その後、電車、フェリー、タクシーと拡散し、今では広告専用の大型トラックを都心の混み合う車列に見るようになった。それは景観審議会等でも景観とエコロジーの双方から問題視されているようだが、同感である。意外性は広告の欠かせぬ要素で、都市の魅力でもある。しかし、行き過ぎれば意外性は不快に転じる。広告費の補填で運賃が安く抑えられていると聞けば我慢もしな

図15：銀座4丁目のアドトラック。エコは別として、この程度に抑えたデザインなら見ても楽しい

図16：移動式電子広告板。台北

図17：ロンドンのタクシー。後ろが白でほっとする

図18：トラックの横には創造的作業環境と書いてある。いかにもそれに相応しい創造的デザイン

図19：デンマークの乳製品会社。信頼感が持てる

図20：スムージーの宣伝車。緑の中に花が咲く

図21：EUのシンボルが見えるが、何の宣伝か読めない。清潔感を感じさせる広告。ウィーン

40

くてはと思うが、下品なデザインのラッピングバスや電車に乗り込むには抵抗感が拭えない。

　だが、ロンドンのコベント・ガーデンにある交通博物館には19世紀から20世紀初頭の乗合い馬車や初期の2階建てバスが並べられており、それらはどれも驚くほど多くの広告で埋め尽くされていた。このDNAはどうやら洋の東西を超えて今に引き継がれているようだ。

ベロタクシー

　ベロタクシー（velotaxi）にも触れておく。ベロとは自転車を意味する。したがって人力車といってもよい。観光用に昭和初期の人力車も復活しているが、それにハイテク電動アシスト自転車をつけたと考えればよいだろう。1997年にベルリンで開発され、またたく間に世界に広まった。日本には2002年京都と東京に移入され、以後全国の都市で活躍する。そしてこの運用は車体がまとう広告収入に大きく依存する。そこが連動しないと運用は困難というから、広告代理店が運営することも多いようだ。ハイテク車両が排ガス削減に寄与するなら、観光以外でも大いに活躍が期待できる。まち並みを楽しむのにもちょうどよいスピードである（p39図10）。

図22:オランダの総合食品卸会社。余白を生かしたシンプルなデザインは失敗が少ない

図23:テート・ブリテンとテート・モダンを結ぶ船は、上から見られることを想定したデザイン

図24:グレートウェスタン鉄道のユニークなグラフィック。英国

1) http://ja.wikipedia.org/wiki/チンドン屋
2) Henry Sampson『A HISTORY OF ADVERTISING』1874
　 http://books.google.co.jp
　 history+of+advertising
3) 前掲書　同じ広告内容のため同時代と推察される
4) ⓒS.YAMAMOTO

ショーウインドウ

　ドイツ南部のアウグスブルク大聖堂には12世紀初頭のステンドグラスが現存するというから、建物とガラスの関係は想像以上に長い歴史がある。そこまで遡らなくても、1851年にロンドンで開催された第1回万国博覧会会場の水晶宮は鉄とガラスでできていたことや、今も現役の19世紀の鉄道駅舎では多用されたガラスを見ることができる。したがって、ショーウインドウは19世紀後半に西欧ではかなり一般化していたと考えられる。1898年には全米窓業者協会が結成され、『The Show Window』が創刊されている。日本ではすこし遅れて大正4年(1915)に『ウヰンド画報』というショーウインドウを専門に扱う月刊誌が創刊された[1]。パリのまちを独特の視線で捉えた写真家のアッジェ(E.Atget)は、多くのショーウインドウを撮影している。ウインドウのガラスには外の景色が映り込み、中の展示と重なり、しばしば予期せぬ物語を生むからだ。代表作の一つ、没年の1927年に撮ったパリのショーウインドウの写真だが、表現はさておき、ガラスの寸法は大きく、ゆがみもない(p43図13)。

　ところで、三越は明治38年(1905)になって蔵づくりの店舗を、西欧風のビルに建て替えた際、ショーウインドウをつくっている。江戸後期の商店にはガラスは使用されていない。暖簾や障子で内と外の区切りをしているが、基本的には全面開放である。その流れが今に繋がって、小規模な商店は商品を陳列するウインドウを持たない。そのかわり商品は間口一杯に並べられ、客との応対は原則として店先で行われる。それに慣れているので、ウインドウで品物を確かめ、ドアを開け店内に入り、買いたいものを伝え、奥から出してきてもらう欧米の古い商店での買物は、少しストレスを感じる。

図1：レースの店だが、テーブルウェアなどと合わせた繊細なディスプレイが見事。ゲント

図2：モノトーンに抑え、サインとの関係もよい

図3：パーティーグッズ店。アシュフォード/英国

図4：イメージの重なりで目を引く

図5：古書店だったと記憶する。ケルン/ドイツ

42

図6:アーケードにガラスをはめ込んだ。ベルン

図7:何気ないが有名ブランド地区。ロンドン

図8:全部英語の看板だが有名なスイスの骨董店

図10:人物写真を飾っただけだが、目線近くにあるため、誘目度は高い

図9:高所から見られている。コペンハーゲン

図11:写真と実物が渾然一体。アビラのハム店

図12:運河の向こうの建物が映る。アムステルダム

図13:アッジェの作品。1927年撮影[2]

43

図14:新丸ビルの紳士洋品店。大胆な曲面の天井にびっくり

図15:ZRH中央駅の眼鏡店。豪華な内装を見せている

図16:ビル丸ごとショーケースのコーヒーチェーン店。ソウル

図17:近代美術館のショップ。ニューヨーク

図18:普通だが全体的に整っている。ミュンヘン

図19:店内を見せるサンツ駅の本屋。グラフィックもよく調和している。バルセロナ

図20:大きな窓枠一つずつにメーカのロゴ。大阪

興味深いのは、日本の商店の端に今もたまに見る小さなショーウインドウというか、飾り窓である。そこには商売と関係ない、生け花や縁起ものの置物などが飾ってあって、ちょうど床の間のような感じである。できた経緯やこれを何と呼んでいるのかなど不勉強で分からないが、店の主人の趣味や品格のようなものがそこから伝わってきて、まち並みづくりにも貢献している。

店のなかを直接見せる

　いわゆるブランド街で見る現在のショーウインドウのディスプレイは、従来の商品陳列の枠を大きく超え、映画の一場面を見るような凝った演出も見られる。空間的にも、建物ファサード全面がショーウインドウも珍しくない。また、あえてショーウインドウをつくらず、店内をそれこそガラス張りにして直接見せる方法も一般化した。

　何れにしても、閉店後もまち並みに明るさと彩りを添え、歩行者に「のぞく」楽しみを与えるショーウインドウは、夜の広告景観の花形である。個人商店であれ、百貨店であれ、各々が個性を競い我々の目を奪って欲しい。そしてデザイナーもそこから多くの刺激を受け、学ぶことができる。銀座を筆頭に、自然の乏しい大都会では、新しい季節の到来をいち早く告げるのもショーウインドウである。

1) http://ja.wikipedia.org/wiki/ショーウインドー
2) 出典　http://www.atgetphotography.com/Japan/PhotographersJ/Eugene-AtgetJ.html

図21:メンズ用小物セレクトショップ。丸の内の新しいショッピングサイトにある

図22:アーケードを撤廃した臼杵市の呉服店

図23:陳列商品と店内を半々に見せている

図24:北国街道の宿場町にて。車中からの撮影

図25:よく見ると細かい配慮が見える。福岡市

図26:50年の歴史を持つテーラー。街並に、店名も合わせたのだろうか。浅草

オーニングとパラソル

　オーニング(awning)とは日除け、あるいは雨覆いを意味する英語である。強い日差しを遮る布と考えれば、その歴史はギリシャ、エジプトそれ以上に遡るだろう。ローマの45,000人収容のコロセウムの日除けヴェラリウム(velarium)は、競技場にあわせて 長径188m 短径156m の楕円形をしており、高さは48mもあったという。これのすごいところは、折りたためることである。まさに現在のオーニングやパラソルの巨大原型である。しかし、ここで取り上げるのは、オーニングやパラソルが広告や看板の働きをしてきたからである。ロンドン(シティ、ルドゲート)の1842年の様子を描いた版画には、商店の前に垂直に垂らした布が描かれている[1]。同じ場所を1908年に撮った写真には、多くの店舗が現代と同じ可動式のオーニングを設け、そこに大きく社名等を入れている[2]。当時はシティの建物壁面にも多数の文字広告が見られたが、現在は殆ど見ない。しかし、オーニングは当時と変わらず、今も看板として生きている。図5は1873年に描かれたウィーン市ヘルナレス区の風景だが、ここにも店の名入りのオーニングが描かれている。250年近く前の景色は現在も

図1:ライン川に向かって緩やかにくだる石畳の道。パラソルや日除けに店名が見える。ケルン

図2:日除けと灯り。贅沢な趣向。チューリッヒ

図3:ブランド、ロエベのロゴが日除けに

図4:都市のオアシスとはこんな場所か

図5:1870年代のウィーン郊外の絵。今と同じ店名入り日除けが見える。ヘルナレス博物館

図6:バス2階から見られることを意識している？

図7:ルツェルンの文化センター。庇の奥行は23m

図8：ノイハウザー通りのオーニング

図9：白いパラソルが定番だがこれもいい

図10：スペインでは多種の街路日除けを見た

図11：建築に色を合わせたオーニング。ミュンヘンのブランド街

図12：景観調和の季節限定アーケード

図13：ハノイの動物園内の大きな日除け

図14：パラソルか広告か分からない。ドイツ

図15：ローマの重厚な建造物前に、何かつくるとすればこうした形しかないかと思わせた

47

建物が特定できるほど変わっていない。

　さて一方、パラソルと聞けばクロード・モネの「日傘の女」を想い起こすのは筆者だけではないだろう。もちろんここではもっと大きくて、戸外で飲食したり、休憩するためのものだ。気候さえよければ、風を受け、景色を楽しみ、通行人を見たり見られたりして室内より楽しい。逆に雨の日や強風の日、閉店後は閉じられる。閉じられたパラソルのかたちは何ともみすぼらしい。この対比もパラソルの魅力である。湿度が高く屋外での飲食には向かない日本でも、最近は各地で見られるようになった。水を霧状にして吹き出す装置や屋外用の暖房機の開発もそれに一役買っている。日本にはお茶を戸外でたしなむ野点(のだて)に使う傘もある。直径2mほどの朱色の傘は、赤い毛氈とともに、和の演出にしばしば使われる。羽田空港内の飲食店で見たが、日本のパラソルもなかなか優美で華やかである(図18)。

　ここでは覆いを拡大解釈して、キャノピーも数点載せた。

1) Judy Pully『Streets of the City』Capital History 2006 p68図版参照
2) 前掲書　p71写真参照

図16:ラスベガスの異常なまでのキャノピー

図17:大手コーヒーメーカーのオーニング。ポルト

図18:「江戸市場」には随所に和の演出。羽田空港

図19:顔が印刷されたパラソル。上海博

図20:カボチャの花によく似ている。リスボン

図21:新ベルリンのソニープラザの巨大オーニング。構造的にも興味深い

図22:シックだが人目を引くレストラン入口。米国

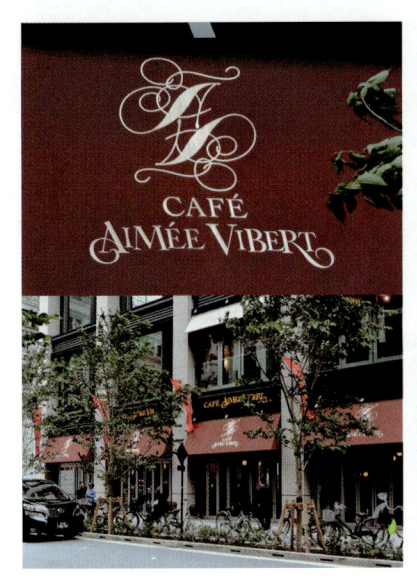

図23〜24:どことなく和のテイストを感じる 　　図25:市内の看板類は厳しく制限されており、オーニングは看板としても活躍する。ローマ

図26:まちを挙げて魅力と広報の充実に励む。揃いのオーニングは必需品。セブンダイアルズ 　　図27:黄金のキャノピー。ホーチミン

図28:デリーの合鍵屋。傘がいい

図29:殆どアーケードだが閉じた姿も見たい 　　図30:上海万博内のパラソル。背後の建物と合わせて、感じるのは白一色の新しい中国

49

旗とバナー

　オックスフォード辞典では、バナーとはメッセージの書かれた長い布をいい、横でも縦でもそう呼ぶとある。また、伝統的なバナーは国王や貴族の紋章のみが表わされた個人の旗で、主として正方形との説明もある。

　何れにしても、旗やバナーは戦場や儀式で個人や団体を表わす、重要な標であった。欧州の図柄は紋章のルールに則って複雑なものが多いが、日本の武士が戦場でまとった幟旗・旗指物の紋は、単純明快な形態が多く、敵味方の区別はもとより、武功を監視する遠方の物見役にも識別しやすくつくられていた。視覚伝達の名作ぞろいである。それらはやがて武家社会の家紋体系、「武鑑」（ぶかん）としてまとめられ、市井に流布するところとなった。家紋は今や日本の貴重な歴史的文化財である。

　伊勢の松阪市を訪ねた折、駅前から延びる商店街の両側に、祭りの旗の列を見た。白地に黒文字のためか、初めて見る者には、何事かと思わせる迫力があった。よく見ると、旗の下には寄付者の商店名や企業名が入っている（p51図10）。ロンドンのオールド・ボンド・ストリートはブランドショップ街として知られるが、そこにも旗が何本も立っていた。取り決

図1：ヨーロッパの人は旗が好きだが、とりわけスイスではそれを感じる。左はアールガウ州旗

図2：首都にようこそとあるワシントンD.C中央駅

図3：上下を固定したバナー。2本の関係がいい。NY

図4：薄い布が揺らぐと風が見えるようだ。NY

図5：旗が目印のロンドンきってのブランド街、オールド・ボンド・ストリート

図6:江戸図に見る五月の節句飾り＜幟旗＞が林立する新橋付近の通町[1]

めがあるのか、色味は違うが、形や大きさはほぼ同じである（p50図5）。ミュンヘンでも同様の光景を見たから、欧米では共通したスタイルかもしれない。

　東京の銀座をはじめとする日本のブランド集積地で、もっぱらビル全体が個性を際立たせ、ロゴを大きくちりばめているのとは異なる。ともあれ、安売りの賑わいとして、格安量産旗をこれでもかと林立させるのとは全く違う。商売に賑わいは必要だが、強引に人目を誘い、商売する時代ではない。紳士服飾大手チェーンやワンコインショップ、コンビニ、駐車場チェーンなどがイメージチェンジを図って、サインを小型化したり、高彩度色を無彩色に変えたりするのは、そのことの現れである。結果として、消費者にも広告景観にも寄与することになる。

図7:こうした場所なら旗もいい。小倉旦過市場

図8:同性愛等の尊厳を示す旗。アムステルダム

図9:渋谷駅周辺再開発に関するイベントバナー

[1] 出典　www.yamada-kouji.com/nihonshi/japan_beau/yamato/.../edozu_s.html

図10:早朝で人影もないが、祭りのクライマックスには動けないほどこの道が人で埋まる

屋上広告

　スカイラインとは建造物などと空の境界線をいい、都市やまちの特徴を端的に示すものである。屋上広告はこれに直接関係する。高層ビルが林立する大都市では、特にスカイラインが景観の大切な要素となる。都市ごとに異なるスカイラインは「都市の指紋のようなもの」とも言われる[1]。

　高層建築物の少ない我が国では、スカイラインの意識が薄い。しかし、あったとしても屋上広告が沢山あれば、指紋とは言えないだろう。筆者は、屋外広告のメリットを理解しているつもりであるが、屋上広告については一貫して異を唱えてきた。なぜなら、屋上広告は、それを見る人を遠方に設定するために、大きくならざるを得ず、景観への影響が強すぎるからである。都市の個性も消しかねない。極端な例かもしれないが、世界遺産の姫路城が、新幹線の中から、多くの屋上広告の狭間に見え隠れした時は、残念でならなかった。都市の、そして国のシンボルである。加えて、大型屋上広告を設置する企業は名の知られた金融機関、スーパー、百貨店、メーカー等で、そうした大企業はマスメディアでの露出も多い。行政の理解と同時に、企業はそれなりの見識を持って、場に相応しい対応をすべきだろう。

　一方、広告経営学の専門家の話によれば、東京の銀座のような、ビルごとの頭に広告を載せた景観は世界的にも珍しく、美しいと評価されているのだという。なるほど、道行く人からはあまり見えないし、ビルとの一体感が強ければスカイラインを乱す度合いも少ない。夜は明るく賑やかだし、ビルの壁面の大広告より数段ましかとも考えた。しかし、実際のところ、江戸からの歴史を誇り、日本を代表するエレガントなショッピングストリートがこれでいいとは思えな

図1:降りしきる雪の中で見たサイン。広告というより記銘サインであるが、その美しさに感動した

図2:CALEMはポートワインの銘柄。醸造所の屋根に掲げドウロ川の対岸に向けて広告している

図3:おそらく反対意見もありそうだが、われわれの基準からすれば手本にしたいほどの事例

図4：見せたいのに白で消す。葛藤が生む調和

図5：下からは見えにくいエルメスのシンボル

図6：ユニークなシンボルの醸造所。ポルト

図7：米国では珍しいシートの屋上広告。ハリウッド

図8：大胆な映画館のサイン。アムステルダム

図9：病院はホテル、薬局等と並んで特例。ドイツ

図10：西欧風だが江戸の屋根看板にも近い。上野

図11：ホワイトライオンホテル。ブリストル

53

い。欧米基準を適用するつもりはないが、興味ある記事を目にした[2]。タイムズスクウェアにある高層ビル最上階の48階部分に、ファッションブランドが21m四方の広告を設置する計画に対して、「ニューヨークを東京のようにする気か」という反対意見が公表され、はからずも東京の広告景観への、彼らの低い評価が明らかになったというものだ。タイムズスクウェアは言うまでもなく広告特区的存在だが、高層階への広告は他と同様に許されていないという。

さて、欧州ではどうなっているか。例えばロンドンであるが、西方のハマースミス駅付近のホテル高層から中心部を眺めた際、視界に屋上広告は皆無であった。しかし、ヒースロー空港に向かうモーターウェイ沿いには大型広告も若干見られる。パリやマドリッド、ドイツでも市内で探せばなくはない。業種は病院や映画館などに限られているが、しかし、どれも、景観に負荷をかけないように

図12：サンラザール駅前のペリエの屋上広告。パリ

図13：良否は別にしてこれも広告景観。東京

図14：マドリッドに多い、ビル屋上のオブジェ

図15：世界最大の保険会社の広告は極めて控えめ。一階には様々なテナントが入る。ウィーン

図16：住宅メーカーの工場屋根サイン。恐ろしくシャープなデザイン。ドイツ[3]

の配慮が感じられる。例えば、面ではなく文字だけを立ち上げる、色彩は抑えめ、勾配のある屋根の下方に設ける、大きさを控えるなどである。一般の看板類はせいぜい2階レベルまでしか出せない国々である。屋上広告が許されるケースはごく限られている。

1) http://ja.wikipedia.org/wiki/スカイライン_(風景)
2) http://news.kyokasho.biz/archives/15925
3) 出典　BIEN-ZEKKER社のホームページ写真より（file:///Users/24111/Desktop/BIEN%20ZENKER.webarchive）

シルエット

　ヨーロッパ全域で見られるが、特にドイツ、スイス、オーストリアの古都で目にするものに、鍛鉄で造られた看板がある。2階か3階の壁から突き出す形式のため、空を背景にすることが多い。昼間であれば、それらはシルエット（影絵）として見える。線的な図柄では特にそうだ。シルエットの色はもちろん黒、立体であっても輪郭しか見えない。単純化された意匠には独特の魅力がある。

　シルエットとして楽しめるもう一つの場合は、建物の内部から、外を見た時である。室内と屋外の明るさの差が大きいほどこの効果は大きい。印象に残るのは、たしか大英博物館で見たものである。外の建物との重なりが一層興味を引いた（図5）。わが国のことだが、窓ガラスの内側から外に向けて広告文字が大書され、景観審議会などでしばしば話題になるが、それらの真の問題はデザイン

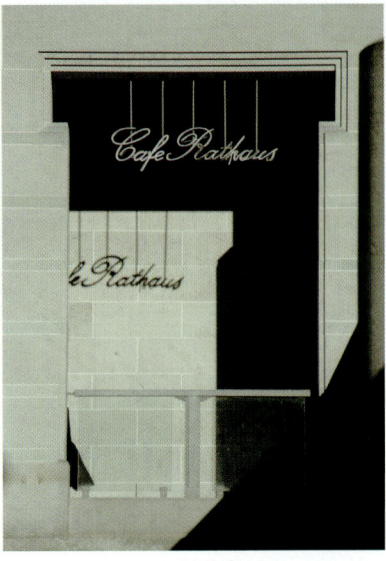

図1:リマト川に面した市庁舎カフェ

図2:リマト川沿いのホテル・コウノトリの船着き場

図3:サウスケンジントン地下鉄駅。ロンドン

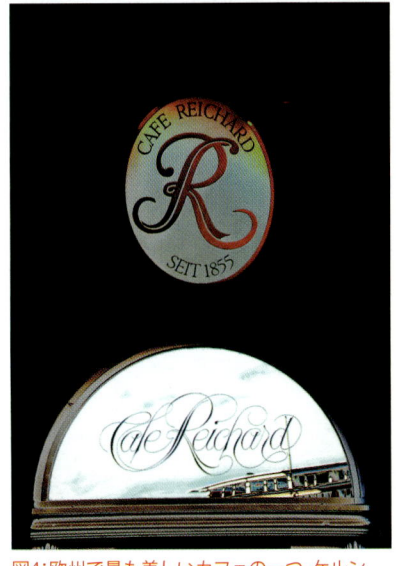

図4:欧州で最も美しいカフェの一つ。ケルン

図5:大英博物館出口で見たもの。理解できないが、誇りや威厳のようなものは伝わってくる

55

図6:ウインドウの展示はしばしば影絵となる

されているとは思えないところにある。まずそれらも屋外広告に位置づけ、内側からの「見え」も計算した上で、窓を利用すれば、今より広告景観が向上するように思うのだが。

　もう一つ、やはり店の中からウインドウディスプレイを見ると、これもシルエットとして見える。写真は台湾のアーティストの店だが、不思議の国に迷い込んだようだ。これも広い意味で、広告景観と言えなくはない(図6)。

　たびたび言及する大型の日除け暖簾など、店の中からは白く染め抜いた商家印や屋号がくっきり見える。オーニングでも同様のことがいえる。さらに、つい先頃撮影したものだが、生きた人間のシルエットが夜のビルに浮かび上がった光景である。新聞社の建物と分かったが、このシルエットは動くので、しばらく見とれてしまった。看板を意図しているものではないと思うが、その機能を十分に担っている(図7)。

　影絵といえば、バリの影絵芝居が有名だが、アジアを中心に影絵芝居の劇団は20を超えるという[1]。リアルな絵や写真より、単純化された影が、時として我々の想像力をより強く刺激する。屋外広告のデザインにおいても、記憶したい効果である。

図7:東京大手町の新聞社本社ビル。図らずも、ロビーの人が動くシルエット

図8:ケルン歴史地区のレストランサイン

図9:建物から突き出すこの街灯は水玉のよう

図10:周囲と呼応して美しい。スイス

図11:フランクフルト旧市街のギフトショップ

1) http://ja.wikipedia.org/wiki/影絵

拠点駅と空港

　パリのリヨン駅構内のレストラン、ル・トランブルーは1900年のパリ万国博覧会の開催に合わせて造られたという老舗で、旅行ガイドブックでもおなじみだ。欧米の主要駅には、昔からレストラン、カフェ、今で言うコンビニなど揃っていて、旅行中、助けられることが多い。日曜日に大きな荷物を持って到着した時などは特にそうである。

　ところが、昨今の日本の拠点駅や空港ビルにおける商業施設の拡充は凄まじい。やがて主従が逆転するような気すらする。駅構内で買物や飲食が完結してしまう。便利には違いないが、まちはどうなるのか。シャッター通りを見るにつけ、地元との共存共栄を願わずにはいられない。

空港内商戦

　札幌千歳のような観光客が多い空港では、土産物屋の多さとその盛況ぶりに驚かされる。各店舗のディスプレイや、商品のパッケージデザインは同業者が隣接する環境だけに、競争が激しく質は高い。海産物コーナーは少し古みを出した市場のような演出をし、一般的な土産にしても当地限定販売をはじめとし、TV出演、人気ランキング、何々大学共同開発まで、各種話題も織り混ぜての販売は、外国人観光客も対象にして活気がみなぎる。

　名古屋のセントレア空港では和風の店舗を提灯横町としてまとめ、レンガ通りと対比させている。最近、羽田の国際線ターミナルでも江戸のまち並みをコンセプトに、江戸東京博物館のような雰囲気を醸している。外国人でなくとも楽しい空間である。

　国際空港のショッピングエリアの美しさは、概して似ている。世界のトップブランドがどこでも中心を占めているからだ。とはいえ、コペンハー

図1:リヨン駅のサイン。瀟洒な駅舎を生かそうとの意図が見える。パリ

図2:だいぶ古い写真だが、各店舗の立体サインが暖かい。コペンハーゲン空港

図3〜4:江戸がテーマの羽田新ターミナル

図5:市場を演出した食品土産コーナー。千歳空港

図6:桃園国際空港。台湾

図7〜8:ローマテルミニ駅の外観とガラスの書店 　図9:同左、テルミニ駅のギャラリーのような広告

図10〜11:LAのユニオン駅。案内所が立派 　図12:最近、常磐高速のSAはどこもおしゃれに変身しつつある。友部SA

図13:名産のガラスランプを並べた函館駅。繊細な展示だが、下の広告がじゃまをしている

図14:ブライトン駅。海浜の駅に相応しいショップ

図15:リスボン万博会場のオリエンテ駅

ゲンなどはアットホームで上質なデザインと記憶している。利用者サービスで、ミニミュージアムを造るところも増えた。シンガポール空港は国際ハブ空港だが、乗り継ぎ客へのサービスで高い評価を得ている。同時に商業施設の充実は一般市民も対象にしているからだと聞いた。いまや空港もサービスや施設の充実で競い合う状況にある。

空港サイン

　それでも、搭乗ゲートへの案内サイン一つ見ても、徒歩何分と時間を記しているものもあれば、距離を記しているもの、さらには方向だけ表記されているものなど様々である。スペインのビルバオと記憶しているが、矢印下向きが前方を示す事例もある（図18）。いずれにしても、ピクトグラムや書体のデザイン、色彩のコード化方法、デジタルサイネージ、看板どれをとっても水準は高い。

図16：バスク地方を描いたステンドグラス。アバンド駅/スペイン

図17：NY中央駅。ロビー中央に案内所

図18：前方を示す矢印が下を向き、普通とは逆。最上位の言葉もカタルーニャ語。ビルバオ空港

図19：ラゲッジクライムにこれほどの広告は稀。ドイツ

図20：陶壁画に圧倒される。ポルト駅

図21：運動場のように大きい台北中央駅ロビー

地下鉄駅のアート

　世界の地下鉄駅がアーティストの協力を得て、個性化するのは1970年以降のことである。パリのルーブル美術館に近い地下鉄駅などは、美術館の延長のような演出で驚かせた（図4）。ロンドンでも、高名な現代作家を起用したり、優れたデザイナーの仕事で、駅ごとのイメージを変え、高いサイン性も獲得した。これは最近だが、リスボンの地下鉄で、駅ごと作家に任せたアズレージョ（陶板画）に出会った。まさにその路線はギャラリーと化していた。予備知識なしの遭遇であったから興奮し、結局翌年も訪ねることになった。76年に見たストックホルム地下鉄での駅丸ごとアートに出くわした時の興奮を思い出させた。

　地下鉄の駅舎や通路は20世紀に急激に拡大した人工空間で、サインやアート、広告などが、移動の手掛かりとなる特殊空間である。そのため、

図1:アールヌーボー様式のシテ駅入口。パリ

図2:クリーニー・ラ・ソルボンヌ駅　70年代撮影

図3:リスボン国際博覧会場近くのカラフルな地下駅

図4:隣接施設のイメージをホームに取り入れたごく早い事例。1976年撮影。ルーブル駅/パリ

図5〜6:柔らかい造形が溢れる地下鉄Baixa-Chiad駅/リスボン

60

図7：バルセロナの地下鉄駅

図8：台大医院駅ホームの像。座れる

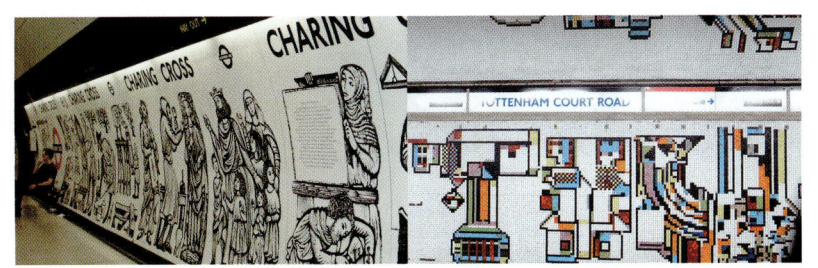

図9：地上の景色を取り込んだ地下鉄Puerta del Sur駅／マドリッド郊外

図10〜11：明快で印象的な図像は最良のサイン。ロンドン

図12：Cais do Sodre駅。これも記憶に残る陶板画

図13：広告が特色の駅、今は変ったようだ。パリ

図14：銀座線浅草駅。瓦・提灯・白壁と純和風

駅ごと作品とするようなアートは強烈なサインとしても機能する。最近ではさらに進んで、極力空間を大きくとり、見通しを確保し、閉塞感と無個性感を減じようとの試みが各地で見られる。地上の景観を取り入れたマドリッドの地下鉄の試みと、駅ホームの天井に穴を穿って上階の商業施設を見せた横浜の事例は、それを端的に示している（図9・15）。

いわゆる見えない都市化、あるいは都市の記号化が進む中、目視空間を拡大する試みは極めて人間的な試みなのだ。

図15：地下鉄ホームから見えるのはクイーンズタワー。横浜みなとみらい駅

カオス

　香港の看板は「街の活気を引き立てる舞台装置として機能し」「地域の独自性をアピールする観光資源として重要な役割を担っている」[1]との見方は妥当だろう。もっとも、論文の著者も指摘するように、香港は狭いながらも多様な表情を持つ。水上バスで訪ねたマンションだけが建つ小さな島は、芝生が広がり、閑静な西欧そのものの空間であったし、香港島の高層ビル群は国際ビジネスセンターに相応しい先端的デザインの集積地である。狭い海峡を隔てた九龍地区は、観光パンフレットを彩る、錯雑

図1：香港九龍地区

図2：ドイツの看板街、ホーエ通り。ケルン

図3：看板のトンネルだが華やぎは意外にない

図4：赤と黄色がほんとに好きなようだ。淡水/台湾

図5：緑は道路標識。建物が見えない程。桃園駅前

図6：日本の中華街も賑やか。横浜

図7：立体看板がカオス度を増幅。道頓堀/大阪

たる看板の町、カオスの香港である。この対比こそ、香港の魅力といえよう。

デリー

　カオスの意味は、「天地がまだ開けず不分明である状態」とIT辞書にある。無秩序とも違うし、混乱とも違う。筆者としては、見たことのない新奇な光景はみなカオスと捉えている。であるから、混沌からは何が飛び出すか分からない、緊張と期待が入り混じる。インド出張の折、オールドデリーに地下鉄で向かった。近代的なニューデリーから、駅で言えば2

図8：タイムズスクゥエアはモニターが増え、刻々と表情を変える

©KEI.NISHIKAWA

62

つか3つ目である。地上に出たら、そこは別世界であった。その光景は混乱ではなく混沌であった。歩く人、しゃがみ込む人、大きな荷物のリアカーを引く自転車、リキシャ、自動車、牛、ヤギ、ラクダまで通る。上空を見れば、たるんだ電線の太い束。大通りの交差点は、警笛がやまない。信号機はあるのだが、どのように利用されているのか分からない。にもかかわらず、すべてが動いており、あまり滞らない。オールドデリーには、エスニックな手作り看板を探しに行ったのだが、こちらは空振りであった。折り重なるように無造作に掲げられた看板の殆どは土ぼこりを浴びて、汚れ傾いていたが、プリンターで出力された看板・広告ばかりであった。

祭り

　祭りのクライマックスはある種のカオスである。もちろん主催者は事故対策など怠らず、周到に準備し粛々と進めているが、気ままに見物する我々には、非日常のカオスに近い世界である。夏祭りであれば、繰り出す山車の華やかさ、お囃子の音、道を埋め尽くす屋台の色と光、その匂い、そしてひと人ひと。場所、国が変わっても、一種興奮に包まれた祭りのカオスは変わらない。そして重要なことはそれぞれの祭りがそれぞれの設えを備えている点である。神社の幟旗、山車や神輿の壮麗な装飾、家々に下がる提灯、参加者の衣装（いでたち）などなどである。こうした設えは、看板・広告と無縁ではない。空間演出の参考になり、うまく取り込めば空間のアクセントになる。ただし、ハレの時間は限定的である。祭りの後のまちは安全と正確さに満ち、構成するそれぞれの要素が調和する、いつもの美しい景観でなければならない。

1）髙橋芳文『香港の都市景観における看板の現状と課題』

図9：色彩や形状が台湾・中国より多様。それぞれきちんとつくられているが総体はカオス。秋葉原

図10：プリントされた後方の看板は我々のものと変わらない。電線がすごい。デリー

図11：彩りが独特な巨大青空マーケット。デリー

工事現場の仮囲い

　インターネットで仮囲いについて検索していたら、＜仮囲い＝地域活性化！って知ってました！＞と題する記事に出会った。そこには「これらは（仮囲い）屋外広告物条例の対象なので、あまり宣伝とかそういうものは許可されないのですけれども、行政としても賑わいの灯を消したくないということで、新宿区さんにも協力頂いて、歌舞伎町ウォールギャラリープロジェクトというものを作ってもらいその枠のなかでやるのであれば、特例として認められるよ、という手法をつかいました。」とある[1]。確かに、工事現場に張り巡らされるボードは貴重なメディアである。しかし、期限付きとはいえ、安全確保が目的のものだけに、わが国では広告が並ぶようなことはまれで、上記のような自治体と協力してプロジェクトをたちあげることでもしないと、思い切ったことはできない。日本の仮囲いが概して大人しい所以である。これが、ヨーロッパに行くと実に賑やかなのだ。私が巡った国々では、英国も含めてそうだった。一般のまち並みの広告は厳しく制限されているのに、まるでそのことの反動、言葉は悪いがガス抜きのように見える。19世紀半ばの地下鉄工事現場写真

図1：偉人の肖像写真をモノクロームで並べただけだが格調高い。NY

図2：デパートの仮囲い。モンタージュのようだが、写したままである。マドリッド

図3：筆者が初めて見たデザイン仮囲い。1985NY

図4：さわやかなイラストの仮囲い。東京

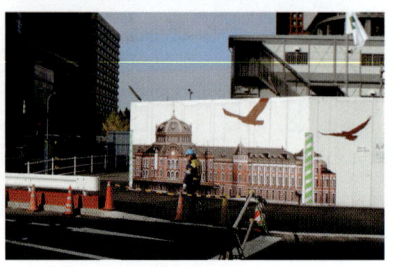

図5：東京駅改修工事中の仮囲い

図6：地下鉄を出たら現れた広告ネット。ミュンヘン

図7:照明付きだが、仮設広告。ロンドン市内

図8:ファッションブランドのロゴ。NY

図9:賑わいに貢献するデザイン。表参道/東京

にも、既に多くの広告が写っている。現在の話だが、ウィーン中心部にある古い教会の修復現場でも、防護ネット上には一辺が10mもあろうかという広告が掲げられ、下部の仮囲いにもポスターがぎっしり並んでいた（p66図15〜16）。しかし、よく見ると大手広告代理店がポスターなどの枠を設け、期限付きとはいえ、管理されてことが分かる。ただ、落ち着いたまち並みに突然大きな広告が出現するので驚いてしまう。普段見ることのできない光景は、時としてシュールである。一方、p64図1は以前ニューヨークで撮影したものだが、まるでギャラリーのような事例である。海が背景だけにその効果は抜群であった。

図10:黒でまとめたディオールの広告。香港

図11:屋内店舗の改修時も仮囲いは重要。台北

図12:ホテル工事の仮囲い。ソウル

図13:景観の向上には寄与していない。台北

1) http://k-kake.jp/category_start/仮囲い＝地域活性化！-アートウォールの活用へ

図14:ショッピングサイトの工事仮囲い。ファッション広告で覆われている。フランクフルト

図15：改修中の教会に市が出した大型広告

図16：左の教会足下にもポスターが。ウィーン

図17：ウィーン郊外の葡萄畑が広がる美しい場所にも広告が並ぶ

図18：新大英図書館の工事仮囲い広告。ロンドン

図19：最高の場所だがここも工事現場。ロンドン

図20：閑静な住宅街でも工事中は特別。ウィーン

図21：ローヤルアカデミーオブアートの前の仮囲い。周辺の雰囲気によく調和するデザイン

テナントサイン

テナントの多いビルで、しかも飲食店等が入っている場合など、どうしても各店舗名の入った突出型の広告が必要なようだ。いわゆる袖看板と言われるものだ。東京の新橋周辺をはじめ、各地の飲食店が集中している地区においては、袖看板を細かく区切って、店名がぎっしり並ぶ。夜になれば、それぞれに光が入るから賑やかで、いわゆる都市部の飲み屋街の雰囲気を強烈に醸し出す。したがって、居酒屋の赤提灯の延長として、それらは地区の特性を演出している小道具のように見ることができる。

しかし、問題なのは、例えば銀座の表通りのような、老舗の個人商店が今なお多く営業を続け、格調を重んじる場所においても、テナントサインが多数存在することだ。坪単価が日本一の有効土地利用として、ビルに建て替え、テナントを入れることになるから仕方がないのかもしれない。デザインに配慮が見られるものも少なからずある。しかし、突き出し幅が僅か1mといえども、それが重なることで、道と平行に見るとビルの壁面を隠してしまう。本来、突き出しタイプは歩く人や移動する車に対して最も見やすい形式であるにもかか

図1:スカンジナビア・デザインセンターの入るビルのテナントサイン。コペンハーゲン

図2:マックグローヒル・ビルのサイン。NY

図3:外壁の内照式テナントサイン。つくば市

図4:夕暮れ時の銀座4丁目付近

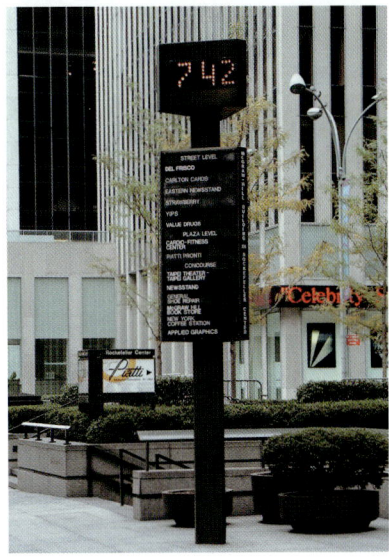

図5:自立型テナントサイン。下部植栽もよい

図6:古びているがしっかりメンテされている。川崎

図7:この高さなら景観を壊さない。新百合ケ丘

図8:ビルとの一体感が強い優良サイン。秋葉原

図9:図8と同じビルの別な面

図10:予備校は駅周辺に集中してある。台北

図11:低い位置ならこの大きさで十分。福岡市

図12:一体感が強い飲食店ビルのサイン。赤坂

図13〜14:ショップ案内。丸の内/東京

図15:日中は文字が読めないが意匠は統一

わらず、これが間隔をとらずに並ぶと相殺する。つまり、せっかくのまち並みが、テナントサインでぼやけ、規模こそ違うが、どこにでもある凡庸な景観と変わらなくなる。

　欧米においても、病院、薬局、映画館、ホテルなどいくつかの業種は特例的に袖看板が認められており、また、ウィーンやケルンでは、賑やかに袖看板が並ぶ商業地区もあることはあるが、概して、建物のファサードはすっきりしている。都市部の建物は数百年にわたって集合施設であり、都心部においてはそれが事務所や商店になる。しかし、個別のサインはご

図16:大型袖看板は欧州では珍しい広告景観。ウィーン旧市街

68

図17：上野3153ビル。右端のサインがよい

図18：町田駅前10階建てビルの自立サイン

く控えめで、建物名が前面に出る。事務所名などは、一般的には小型プレートが小さなビル入口付近に示される程度である。高さや素材が揃った都市のビルは、美しい景観をつくる目的でつくられているわけだから、そこに個の看板やサインを出して、乱すことなど考えられないのだろう。

　さて、それではこの袖看板の羅列に打つ手はないのだろうか。ここに載せた写真から、読み取るだけでもアイデアは出てこよう。建物に予め、テナントサインを組み込んでおく、思い切って自立型にしてしまうなど形式の検討。さらに案内所の設置、案内サインの拡充、他のメディアの活用なども考えられる。高密度に空間を活用するための新しい工夫が、広告やサインに求められる。町ぐるみで取り組む課題である。魅力的な広告景観は、この課題の克服なしには得られない。

図19：サインは厳しく制限されているローマの旧市街

図20：海岸近くのホテルの突き出しサイン。レンガ造のビルに似つかわしい

こんなところにも広告が

　春山行夫著の『西洋広告文化史』は上下巻あって、900頁を超える大著である[1]。広告に関する興味深い話が沢山載っている。そのあとがきに、広告に関わる人々について「単に人間が面白いというのではなく、彼らの考え出した、常に新しい、時には奇妙な、あるいはインチキなアイディアが面白いのである。このことは単に過去の語り草として終ったわけでなく、今日のTVのCMのアイディアなどにもそのまま流れていて、おそらく今後の広告の歴史も、草の根からとびだした、他人の考えつかないようなアイディアをもった人物によって、受けつがれて行くだろうとおもう」と述べている[2]。例えば1850年頃の奇妙な広告の事例が載っている。ロックペインターと呼ばれる広告屋は、人の目につく断崖などがあれば、何かの商品名や広告を所構わず描いたらしい。ナイヤガラ瀑布の危険な岩にも油の広告を書いて世間を驚かせた強者もいた。また、雲に文字を投影する空中投光機は1893年のシカゴ万博に当日の入場者数を映した記録がある[3]。

　ところで図1は高さ14mもあるシェリー酒のメーカー、オズボーン社の広告だが、これほど景観に強いインパクトを与える広告も珍しい。1956年からスペイン各地に建てられはじめたが、1994年に沿道広告禁止令が成立し、撤去されることになる。しかし、残すようにとの声も多く、議論の末、裁判所はオズボーン・ブルを美的あるいは文化的意義あるものと認め、黒い雄牛の形はパブリック・ドメインつまり公共的財産となったとのいわく付きのものである[4]。

　話は変わって、しばしば本書に登場する江戸時代の越後屋の話である。もっともよく知られたのは「現金商売掛け値なし」の商法だが、実は競

図1: 沿道広告禁止令にもかかわらず風景の大切な一部として認められ、牛の形は共有財産となった

図2: 道路の段差につけられた広告。ミラノ

図3: サンティアゴ・デ・コンポステーラ

図4: 鳩という名の地中海レストラン。ベネティア

図5: 空き缶つぶし。インドの弱者支援団体。ヘレツ

70

合相手の値引きなどで、順風満帆ばかりではなかったらしい。そんな中、雨の日に越後屋の名入りの傘を、どしどし貸し出すサービスを発案し、大成功したらしい。当時の川柳がそのことを紹介している。「ふり出すと江戸へひろがる駿河町」「するが町江戸一番のから傘や」[5]。

さて、今日はどうだろう。電車を丸ごと1社の広告で埋め尽くす、ジャンボジェットやカーフェリーをラッピングするなどをはじめとして、アヒルや犬が会話したり、電車の改札口（出口）のサインにも広告が現れる。奇抜なアイディアは尽きるところがない。まして、新しいメディアが生活の至る所に進出し、予想すら難しい。インターネットではすでに個人情報がどこかに蓄積され、一つ検索すれば、関連情報が自動的に並ぶ時代である。従来型のプリントメディアも、虎視眈々と次を狙っている。何せ生き馬の目を抜く広告界である。

1) 春山行夫『西洋広告文化史　上・下巻』 講談社　1981
2) 上掲書　下p273
3) 上掲書　下p283
4) http://en.wikipedia.org/wiki/Osborne_bull
5) 高桑末英『広告の世界史』 日経広告研究所 1994　p70

図6：道路標識の裏面を利用した市のイメージ写真。釧路市

図7：顔がそれぞれちがう床面広告。マンチェスター駅／英国

図8：屋根葺き職人の標し。ワイト島／英国

図9：移動式ボラードにも広告が。秋葉原

図10：表現が豊かなアンコウの平潟港

図11：変圧器の利用としては洗練されている

図12：見上げず、見下ろすところが独特。オランダ

図13：鳥の美声が客を呼ぶ。ホイアン／ベトナム

図14：電話ボックスのスポーツ用品広告。リスボン

図15：明治25年に出来た乾物店。佐原／千葉県

図16：聖バーフ大聖堂と書かれた路上のQRコード

図17：以前は改札もなかった英国だが、急激に変わった。ロンドン

図18：見上げて見える軒裏のサイン。表参道

図19：改札口サインの裏に広告。いいのだろうか

ネオンとLED

　ネオンは原子番号が10の元素で、名称はギリシャ語で「新しい」を意味するとある。発見は19世紀末期、実用化は20世紀初頭。それから約1世紀後、20世紀末にLED（発光ダイオード）、LCD（液晶ディスプレイ装置）が相次いで開発され、21世紀初頭の今、多分野での実用化が進んでいることは、ご存知の通りである。ここではネオンとLED・LCDと思われるサインを集めてみた。

　かつて大型ネオンはビルの屋上を強烈な光とその造形で我々を楽しませてくれた。ダイナミックに変化するネオン広告は、今にして思えば、日本の戦後復興、高度成長の象徴的存在であった。オイルショックの際、銀座のネオンが消えたと、マスコミが見出しにしたことは、そのことを端的に示している。

　大型ネオンの双璧は、銀座の森永製菓がつくった地球儀のネオンと、大阪は道頓堀のグリコのネオンである。前者のデザインは、日本画の巨匠横山操というのも興味深い。昭和28年（1953）に当時の金額で3000万円をかけてつくられ、同年の電通広告賞を受賞したと、全日本ネオン協会の機関誌にある[1]。残念ながら、昭和58年に姿を消しているが、筆者の記憶には鮮明に残っている。現在では、銀座4丁目の角に建つ三愛ドリームセンタービル屋上の、洗練されたリコーの広告がひときわ目を引く（p135図1）。ネオンはごく一部にしか使われていないそうだが、この電源は太陽光と風力電力に依存していることでも話題になった。サイン下部には英語で「100％自然エネルギー広告」と書かれている[2]。

　一方、大阪の江崎グリコのネオンはそれよりだいぶ早く、初代は昭和10年（1935）につくられた。現在は六代目だそうだが、平成15年に大阪市中央公会堂、港大橋などとともに、大

図1:歩行者への影響が少し気になるが、それ以上に低さが新鮮。銀座/東京

図2:ピクトグラムのような看板

図3:直線的書体とネオンの曲線の組合わせが妙

図4:素朴なネオンは市場の象徴。シアトル

図5:ネオンのモノグラムをつけた教会。ローマ

図6:カフェの小さな看板だが丁寧な仕事。パリ

図7:ブリュッセルには小便小僧が沢山いる

図8：何気ない喫茶店のサインだが、この環境では最良の方法かもしれない。ゲント

図9：大麻を扱う有名店。アムステルダム

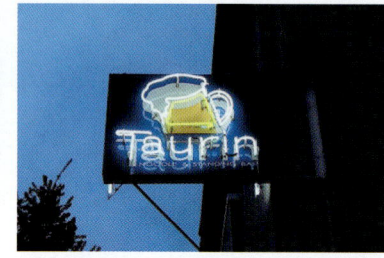

図10：軽食店。東京

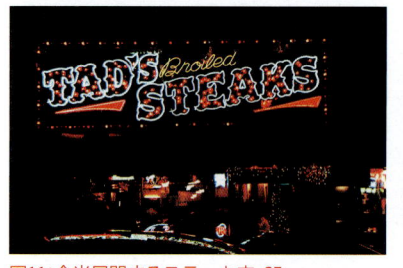

図11：全米展開するステーキ店。SF

図12：説明無用の明快さ

図13：高名なホテルに相応しいか分からないが、アーチの連続性や景観にはやさしいサイン

阪市指定景観形成物に指定されている（p135図4）。

ところで、小型のネオンにも他に代えがたい味がある。町はずれのレストランの窓に、バドワイザーのネオンがボーと光っている風景など、筆者にとっては学生時代訪ねた米国の原風景と言ってもいい。もちろん現在も、小型ネオンは健在である。その魅力は職人の手技と、ガラス管の柔らかな線、暖かみのある光の質にあることは間違いがない。ファンは多いはずだ。私もその一人である。これからも是非残して欲しい技術である。

LED・LCD

LED（発光ダイオード）、LCD（液晶ディスプレイ装置）が、21世紀初頭の今、多分野で実用化が進んでいることは、ご存知の通りである。新世紀は明らかにデジタルサインの時代である。コンピュータと連動して、異種メディアを含むネットワーク、情報の瞬時可変性、集中管理、動画の配信、さらに広告のそばにカメラを取り付け、近づく人を撮影し、顔認識技術を用い、性別や年齢を瞬時に判断、その人に合った広告を提示する、オンデマンド方式とも言うべき手法も、確かめてはいないが実際に行われているという。広告が通行人の名前を呼んで引き止めるなど、少しまえの映画の話が、現実になりつつある。このことは、インターネットで既に日々体験している。頼みもしないのに、それならこれではどうでしょうと次々と案を提示する。しかもどこに個人情報が蓄積されているのか分からない。

以上のような状況が今後どの程度拡大していくか筆者には分からないが、今のところ、留まるところをしらない。もっとも、デジタルサインの普及で、まちまちの野立て広告が整理されることにならないかと期待している。なぜなら、高輝度なLEDは、紙

やフィルム出力媒体に近い形で使用可能だからである。地域限定の小規模な事業者の宣伝の機会確保も重要であるから、一朝一夕にはいかないまでも、全国の交差点の醜き野立て広告が、デジタルサインに収斂されないかと夢見てしまう。

　デジタル技術に疎い筆者がいくら想像力をめぐらしても意味はない。日々のニュースを聞くだけでも、デジタル技術の進歩のすさまじさだけは実感できる。便利になる、安全性が増す。低コストで高輝度が可能、エコの効果が期待できる、そして伝達力が増す。よいことずくめだが、美しさとの調和も忘れないで欲しい。そして、くれぐれも、道路脇の明るいLED広告が運転に支障を来すなど、扱いを間違えないように願いたい。

図14:駅名より大きいオーデコロンのネオン。ケルン

図15:バーミンガム生まれのビールメーカー。1981年で幕を閉じたが、赤が印象に残る

図16:スクリプト系の文字の再現は難しいが、精巧につくられている

1）小野博之「銀座名物だった森永の地球儀ネオン塔」neonミュージアム　全日本ネオン協会
2）＜スマートジャパン＞畑陽一郎　自然エネルギー：銀座4丁目の三愛ビル、広告塔を自然エネだけで点灯（2014年07月17日 18時00分 更新）

図17:京華城アミューズメントセンター。台北　　図18:洗練されたネオンの造形。ウィーン

暖簾（のれん）

　暖簾は、もともと禅宗の用語で防寒のためにかけた垂れ布をいい、簾（すだれ）の隙間を覆い暖めることから名付けられたとある[1]。また、平安時代に室内の仕切りや目隠しに用いた几帳や壁代にその原型を見る説もある。これらは神社等では今も目にすることができる。源氏物語絵巻に描かれた、横棒に縦長の布を床まで垂らした几帳はそのまま暖簾として使えそうである。

　大伏肇氏の『日本の広告表現千年の歩み』[2]には＜信貴山縁起絵巻＞（1160～1170）＜石山寺縁起絵巻＞（1324～1326）に描かれた古い暖簾の絵が載っている。前者は短めの三垂れで柄のついた布だが、後者は明らかに長暖簾の形式である。これらには「暖簾の印（しるし）は見られなかった。ところが室町も後期に入ると、暖簾に印をつける商習慣が生じた。やがて暖簾には、屋号、業種、商品などを印とする広告の時代が到来するのである」と大伏氏は先の著書（p32）で述べている。たしかに、室町時代に描かれた＜洛中洛外図屏風絵・町田本＞や、＜洛中洛外図屏風絵・上杉本＞には絵入りの暖簾が数多く現われる。上杉本には明らかに烏帽子屋の看板と覚しきものも描かれている。その後1600年代に描かれた＜洛中洛外図屏風絵・舟木本＞や＜洛中洛外図屏風絵・東博本＞になると、水引暖簾と長暖簾の使い分けや、商家印が大きく染め抜かれた、今日同様の暖簾が見られる[3]。

　さて、暖簾にもいろいろあって、屋台や飲み屋のそれなど、客が帰りがけにちょいと手を拭いていくので、汚れたものほど店の繁盛を表わすという興味深い話もある。そんな生活感あふれるものから、粋なものや格式を誇るものまで多様である。京都に今もかかっている薬屋のものなど、威厳のある書体で無二膏と書か

図1：ザ・ノレンとでも言えそうな事例。香取市佐原 　図2：盾型紋章と英字の暖簾。京都らしい

図3：染め工房の豪快な暖簾。首里/沖縄

図4：家紋が染め抜かれた日除け暖簾。川越市

図5:丁の字を力強くデザイン。小諸市

図6:伝統の暖簾だが、意匠はモダン。川越市

図7:白い厚手の暖簾と屋根の建て看板が、信頼と伝統を伝えている。京都

図8:干し柿も彩りを添えている。屋敷の中の優れた広告景観は見えにくいが意外と多い。岩間

図9〜10:おはらいまちは江戸を彷彿とさせる。伊勢市

77

れ、いかにも効きそうなものだ(p77図7)。

暖簾の形式

　暖簾の形式で一般的なものは、1枚の布幅が9寸（約34cm）でこれを3ないし5枚つなげる。縦の長さは3尺（約1m14cm）である。それより長いものを長暖簾、60cm前後のものは半暖簾、ごく短くて間口一杯にかけるものを水引暖簾という。また、縦の切れ目が少なく地面まで届くものを日除け暖簾と呼ぶ。これは風をはらむと大きな音を出すので、太鼓暖簾とも呼ばれる。日除け暖簾は掲出するのに為政者の許可が必要だったらしい。面積が大きいだけに、商家印や屋号などが染め抜かれ、看板そのものであり、今の屋外広告に相当する。もっともそれは、同時に強い日差しから商品を保護し、風やほこり除けでもある。道行く人から店の内部を緩やかに隠す働きもあっただろう。今日なお、伝統的店構えや和食など

図11:庶民的な縄暖簾にも格調が。川越市

図12:長野市善光寺近くの香店

図13:油屋伝兵衛がいい。栃木市

図14:大分駅。暖簾のかかる手洗い

図15:暖簾がかかる蔵のまちの交番。栃木市

図16:江戸の復活か、三越前の新ビル

図17:同左

の店には大切な演出道具の一つである。
　最近、洗練された現代建築の商業施設や高級ホテルのエントランスに大型のものが設えられているのを見る。暖簾は日本の広告景観には欠くことができない、風の看板である。

図18:東海道が残る有松、絞りのまち

図19:現代感覚の暖簾。赤坂/東京

1) 語源由来辞典gogen-allguide.com
2) 大伏肇『日本の広告表現千年の歩み』 日経広告研究所　1988
3) 前掲書　pp38~47

特別寄稿2

良好な都市景観を形成するための屋外広告誘導のあり方

佐藤　優
九州大学副理事・大学院
芸術工学研究院教授

　これまで永年にわたって屋外広告の研究、学会活動、また景観審議会等を通じて行政にも関わってきた。ここでは、それら全体を通じて感じてきた問題点や、その解決に向けた提言、景観誘導の諸方法等をまとめてみた。

1．概念のまちがい

　従来から言われ続けてきた①「屋外広告物は景観を悪化させる」という指摘も、②「屋外広告物は都市の賑わいをつくる」という言い方も、いずれも基本的にまちがっている。

1）屋外広告物と景観の悪化

　屋外広告物は景観を悪化させるという言い方は、どのような立場からの発言であるのかが不明で、おそらく第三者の論評である。もし好ましくない景観があるとすれば、それは規則の問題であり、市民意識の問題である。一歩下がって言うとしても、広告主の力量の問題である。これまで、屋外広告「物」と言ってきたように、悪いのは「物」である、という言い方が本質を見誤らせていた。

2）屋外広告物と賑わい

　屋外広告物は、企業等の存在の証明であり、生業の広告である。そのような企業等が集まっているのが都市であり、人も集まるから場所も伝えなければならないし広告も必要になる。賑わいは活動の集積によって生まれるのであって、屋外広告物自体の効用ではない。ただし、屋外広告物を抑制すると賑わい感が減衰することはわかっている。問題は好感度との関係であって、広告としての好感度と都市としての好感度を向上させることが課題である。自己弁護的な言い方は、屋外広告物の本質的な問題から目を逸らさせることになる。

3）本質を見抜く力

　屋外広告物の計画や誘導にあたっては、まずは責任者を明確にすべきである。それは、広告主、土地や建物の所有者、広告代理店、デザイナー、施工者、管理者と、関係者としての行政、市民である。現在は、屋外広告「物」法であるがために、このうちの施工者の責任しか問えないシステムになっている。各関係者が自分が負うべき責任を正しく自覚するようになれば、少なくとも今より状況が改善され、品質も向上するはずである。

2．景観誘導の方法

1）市民参加による景観誘導

　現状の何が良くないのかを問題として共有しなければならない。糸島市で屋外広告物に関する市民意識調査をし、その後、日本、韓国、中国で意識調査をした結果、「賑やか（穏やか）」、「開放感（圧迫感）」、「好き（嫌い）」、「住みたい（住みたくない）」、「行ってみたい（行ってみたくない）」の5項目の組み合わせによって地区の分類ができ、完全な自然保護地域を除いて概ね8タイプに屋外広告物の誘導の方法が区別されることがわかった。図1)

　規模の大小や程度の強弱はあるが、各地域でこのような分類ができるにちがいない。従来のように画一的な基準で屋外広告物を誘導するのではなく、市民意識に沿ったきめ細かな誘導をすることが、地域の個性を引き出していくことにつながる。

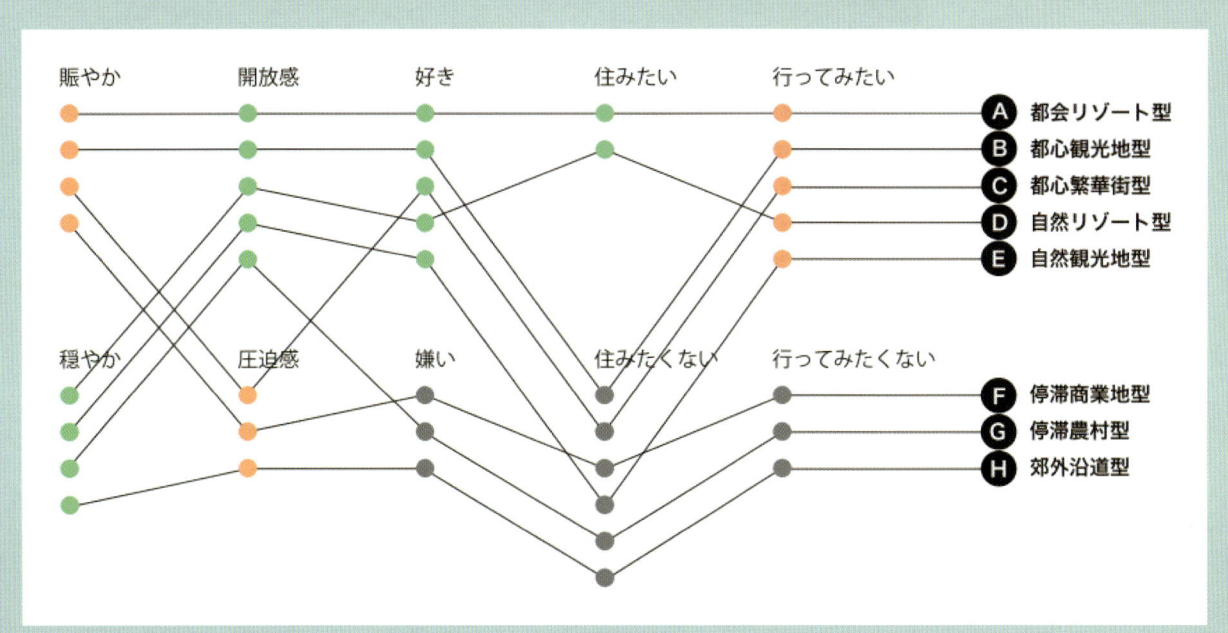

図1：意識調査から抽出された地区分類

都会リゾート型の例
イギリス湖水地方

都心観光地型の例
大阪

都心観光地型の例
韓国ソウル明洞

郊外沿道型の例
東広島市

2）合理的な根拠による景観誘導

　市民意識調査の結果から、特に沿道の屋外広告物（貸看板）が改善する必要があることがわかった。屋外広告物と景観は、しばしば対立するもののように思われがちであるが、対立するのは広告主の利益と市民の意識である。市民に嫌われるものは広告としての価値も低いと思われるが、一見客を相手にするような商売の場合は市民に嫌われても成り立つと判断する場合があり得る。また、地域を愛する気持ちが薄い場合や、企業誘致に努めたい行政の判断がある場合には、市民意識の比重が軽くなる。また、方向がわかりにくい場所では、誘導機能を持つ広告物を規制することが適当であるとも思えない。これらのバランスを考慮した上で、記名、誘導、広告サインとしての機能を満足させる屋外広告物の大きさと情報量の基準について、既往の研究成果に加えて新たな現場実験を追加することによって明らかにしたいと考えた。

① 自動車運転者が80mの距離から判読することができる。
② 現状の情報量を約90％満足させる情報量である65文字を入れることが可能な大きさを保証することを前提とすることによって、多くの地域で無理なく誘導することができる。
③ 視認できる機能を考えると、幅3m高さ1m程度が基準となる単位である。
④ 印象があまり変わらずに余裕をもって視認できるものとすると、およそ幅5m高さ1.5m程度が妥当である。
⑤ 横に並んだり3段以上重ねたりすると評価が落ちることがわかった。

　このような研究から、制限時速が40km/h程度の片側1車線の道路では貸看板（立看板）は、1個が3㎡以内、上下2段までを可能とし、6㎡以

内が目安となる。時速が60km/h程度の片側2車線以上の道路では、1個が7.5㎡以内、上限2段までを可能とし、15㎡以内が目安となる。以上は、一般的な地域で適用できる目安となる数値を示したにすぎず、それぞれの地域の特性を考慮して、これ以上やこれ以下にするなどの判断をすることが肝要である。比較的野放しであった沿道の屋外広告物の誘導指針となり、意識調査の結果も低い状況に歯止めをかけることができることを期待する。

3）トロントの誘導方法の例

トロントの屋外広告物に関する誘導方法を参照すると、全般的に日本より厳しい基準であるが、特に敷地境界から2mセットバックすることとしていること、計画の事前公開に関する規定、および罰則規定と強制撤去の方法が注目される。

昨今の屋外広告物の落下事故を鑑みて、屋外広告物の設置を敷地内にすれば責任の所在も限定的になる。敷地内であれば、屋外広告物の下を緑化するなどの対策をしているにちがいない。事前公開は、周辺の市民の意見を聞く義務があることを表している。また、違反した場合は文書が出されてから14日以内に改善しなければならず、改善されない場合は強制的に撤去してその費用を土地・建物の所有者が支払うことになっている。

日本の条例等では、特にこの3点が弱く、老朽化や、義務を負わなければならない者があいまいになっている建物や屋外広告物の問題がクローズアップされている。

3．屋外広告物誘導の課題
1）屋外広告物誘導の総括

2015年1月に、屋外広告物に関する第一人者を招き、研究会を開催した。西川潔（筑波大学特命教授）が屋外広告物の歴史と理念を総括し、武山良三（富山大学教授）が地方都市における屋外広告物誘導の根拠と事例を総括し、藤本英子（京都市立芸術大学教授）が京都の行政の景観誘導体制を総括した。金明煥（韓国桂園芸術大学教授）は、国民性が屋外広告物に反映されている事例を紹介しながら従来の画一的な誘導施策を批判し、佐藤優（九州大学教授）は景観誘導のシステムづくりについて総括した。

なお、当日参加できなかった田口敦子（多摩美術大学教授）と後日意見交換を行い、屋外広告物の「物法」の問題が指摘された。

2）屋外広告の再定義

屋外広告の意味について、再定義すべきである。

第1に、存在を示す屋外広告物と、広告とを区別して考えなければならない。この定義があいまいであるところに、これまでの問題の根本があったのではないかと考えられる。

第2に、屋外広告は都市の活動の一部であり、現場でリアルに体感させるメディアとして、情報提供と活動そのものを伝える機能を、都市として戦略的に考えるべき時期に至っている。

メディアの多層化や連携が顕著になり、さらには「物」を持たない広告が出現し、QRコードのように内容に責任を持つ主体がわかりにくく、内容をチェックできない状況が出現してきた。個別の「物」をコントロールする従来の考えは通用しなくなっている。

第3に、デザインの品質の向上に向けた取組みが必要である。日本屋外広告業団体連合会では「屋外広告士」の制度をつくり、安全や品質の向上に努めてきたが、デザインのレベルは決して高いとは言えない。さらに、メディアが変わってくると、対応できる資質も変わってくる。日本の屋外広告のデザインの品質を向上させるために、法律に抵触しない方法で審査制度を設けるなどの工夫をすることが重要な課題である。

3）ソーシャルメディアの可能性

個人的なネットワークであると思われていた携帯電話等が、メディアとしての機能を発揮するようになり、パーソナルメディアからソーシャルメディアとして変貌しつつある。若年層を中心に、マスメディア離れが進み、必要な情報は個別に検索する時代になった。

Webについては、少し前までは、より深く、レイヤーで言えば何層にも重ね、言わばオタクっぽかった。この2年ほどは一転してきわめてシンプルにフラットなコンテンツが増えている。以前は、広く点在する共感層を捉えようとしてきていたが、昨今は近い仲間との距離を縮めるメディアとしての機能に注目しているように思われる。企業や社会が安定したメディアとして評価するようになるためには、より社会性のある情報伝達方法の確立、ないしは共有のプロセスの開発が欠かせない。

屋外広告としても、ソーシャルメディアや在来のメディアとの連動が不可欠である。街と携帯電話による情報取得とを結びつけたインタラクティブなゲームが注目された。参加型の屋外広告も出現しはじめている。今後の発展が期待され、知恵の出し合いに目が離せない。

まち並みの色彩

　ここでは筆者が集めた印象的な色のまち並み写真を並べる。はっきりとした印象が残るのは、やはり中・高彩度の色彩が使われ、観光地としても知られるような場所である。コペンハーゲンの港まちニューハウンやベネチア沖のブラーノ島、ミュンヘン郊外のエルジング(p8図14)あたりであろうか。ブラーノ島は、今は観光スポットになっているようだが、筆者が訪ねたのは1975年のことだ。パリのデザインセンターでランクロア氏[1]を紹介され、彼の事務所を訪ねた時、彼が訪問を勧めてくれたのが、ブラーノ島とスペインバルセロナの建築家ボッフィルの事務所だった。

　しかし、多くの欧米のまち並みは概してツートーンが多い。屋根の色と壁の色だ。フィレンツェのまちをふと見下ろして、屋根の色があまりに同じなのに驚いたことがある。現在においても、住宅開発など見ると驚くほど色数は少ない。特に英国が顕著だったと記憶する。読者も着陸前の飛行機から見える住宅地などから想像できよう。こうした中でも、ウィーンのオールドタウン中心部の黄

図1:ウィーン王宮前に広がる瀟洒なビルの色はマイルドなのに存在感は圧倒的

図2:明度の対比的な色づかいが目立つフランクフルトのまち並み

図3:窓の内側が赤く塗られ閉めると黒い窓になる一角。レンガ色との相性はよく、運河にも映える

図4:ミュンヘンきっての目抜き通りの色は統一感が強く、威厳すら感じる。偶然か並ぶ車も同じ色

図5：退色見本のような焼杉板壁。近江八幡

図6：ピンクの建物は欧米では多い。リスボン郊外

図7〜8：純和風の臼杵市。案内板の収まりもよい

図10：横町に入ると色が消えた。ソウル飲食街

図9：八幡山ロープウェイから見た近江八幡のまち並み。勾配の揃った屋根の瓦が輝いて見える

図11：まち並みの色とは別だが、デンマーク国鉄の明るいモスグリーンは環境にやさしく見えた

みがかった白、ミュンヘンのブランド街マキシミリアン通りの赤みの増した肌色、赤みの少ない濃いレンガ色はフランクフルトである。いわゆる石灰の白の色は地中海に沿って多いが、印象に残るのは、スペイン・アンダルシアにあるグアディクスの白である。洞窟住居群のため、換気口だけが小さな灯台のような感じで赤い土から生えていた。反対に黒いまち並みとしてドイツ北部のゴスラーがある。壁一面黒いスレートの板で覆われ独特の雰囲気を醸していた。

日本で強く印象に残るのは、近江八幡の八幡山頂から見たまち並みの光景である。同じ形状の屋根の瓦が一面銀色に光っていた。

洋の東西を問わず、落ち着いた色、統一感の強い色のまち並みでは、間違いなく看板は映える。筆者の理想、＜看板は低く小さく美しく＞が具現されるためには、背景が大事なのは言うまでもない。サインデザイナーにはまち並みの色をも見つめたデザインが期待される。

1) ジャン・フィリップ・ランクロアはフランスのカラリスト。街や地域の建築物等の色彩に着目し、それらが土や自然に強い関係があることを、調査によって明らかにし、自身でも多くの色彩計画を手がけた。東京の色彩についても調査している。

図12:サンチャゴ大聖堂への巡礼道最後のまち並み

図13:教会の屋根は色違いのスレートで、しばしば彩り豊か。ウィーン

図14:強い色を水とみどりが緩和。福岡市

図15:色鮮やかさが観光にも貢献。デンマーク

図16:明るく暖かみのある色のチューリッヒ／リマト川河口西岸地区

門・ウェルカムサイン

　ディズニーランドの中心には高い城があって、その周りを取り囲むように6種の○×ランドが配置されている。城はまさにランドマークで、どこからでも見える。もちろん外部とは仕切られているから、基本的に安心して遊べる空間なのだ。しかも、6種のエリアは路面の色も変えられている。つまり、さらに区切られている。都市でも同じことが言え、安心できるまちは、空間のけじめ、メリハリがはっきりしている。

　もっとも、中世都市の門などは外敵の進入を防ぐのが目的であり、必ずしもウェルカム・ゲートとは言えないが、現代の平和な時代にあっては、魅力的な区切り装置として働いている。曲がりくねった路地の都市も、規模が小さければ安心して歩ける。迷っても広場か門や城塞に、いずれは行き着く安心感があるからだ。戦勝を祝う古代からの凱旋門も、今や愛されるランドマーク・歓迎門となっている。

　さて、現代都市や町、商店街などを区切るのは歓迎の意味を込めたゲートやアーチである。古いものは昭和の香りが強く、懐かしさすら覚えるが、若い人には興ざめかもしれない。区切る意味を強めた、まち並みに相

図1:老街で知られる大渓市入口の牌坊。横断歩道を兼ねている。台湾

図2:構造体がゲートのカナリー・ワーフ駅／英国

図3:新北投駅前にも牌坊があった。台北

図4:横浜元町商店街のフェニックスアーチ

図5:通称アッピア門。アッピア街道に因む

図6:ノイハウザー通りのカールス門／ミュンヘン

85

図7:広州空港モニュメント。歓迎送迎の標

図8:98年リスボン万博の痛そうな歓迎シンボル

図9:リスボンのロシオ駅(旧中央駅)の入口は二つの大きな馬蹄形で知られる

図10:牌坊の中は庶民の町が広がる。広州市

図11:江戸の粋を感じるデザイン。日本橋

図12:宇宙船のような区切りのデザイン。石川県

図13:平安神宮の鳥居。京都

図14:モスクの入口から見たデリー旧市街地

図15:牌坊はどこの中華街にもある。横浜市

応しいゲートになかなか出会わない。デザイン力の発揮のしどころである。

ところで、p88図21は日本の凱旋門である。これは和風だが、日清・日露戦争の勝利で都内だけでもいくつもつくられたことを『日本屋外広告史』[2]で知った。立派な姿に驚くと同時に当時の人々の西欧文化取り入れの、強い意欲を感じた。

牌坊（はいぼう）

話は変わるが、中国や台湾には牌坊と呼ばれる様々な形状のまちや村の区切りがある。牌は看板を意味する。坊は本来、一区画のまちを表わし、やがてまちや市街地を表わすようになった。つまり、牌坊はまちの看板ということになる。その由来は細かくは触れないが、漢時代に都市は里坊と呼ばれる区画に細分され、その中で、「よいことが起きると、里坊の門の上に里坊を称える言葉を記した張り紙をしたという。ここから門は新しい形を持つことになった。人々は張り紙をできるだけ永く保存しようと、より頑丈な材料を使って門を造り、里坊を称える言葉は門に彫られた。これが現在の牌坊の原型となった」と説明されている[1]。

ともあれ、世界各地にある中華街の入口には、必ず立派な門がある。これも牌坊と言える。広州や上海で見たものの多くは、大通りに対して直角な道の入口に牌坊がつくられていた。アーチ状のものをはじめ、立派な寺の門のようなものもあった。二、三くぐってみたが、広州ではいきなり庶民の生活空間が広がっていた。上海では同じ形の住宅がいくつも並ぶ住居専用地区だった。

1) http://ja.wikipedia.org/wiki/牌坊　牌楼とも呼ばれる
2) 谷峯蔵『日本屋外広告史』岩崎美術社　1989
3) 写真は『日本屋外広告史』p295　なおwww.tanken.com/gaisenmon.htmlでは日清・日露戦争の凱旋門の写真が見られる

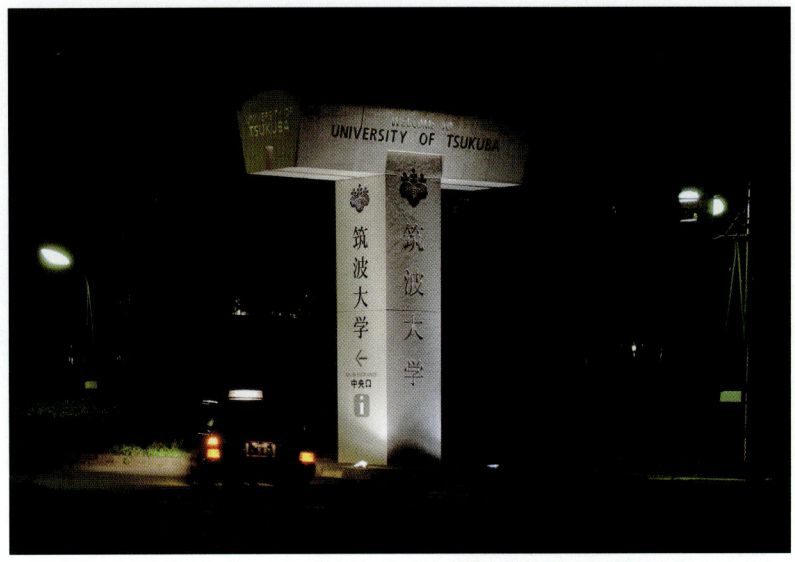

図16：南北4kmあるキャンパスのシンボルゲート。創立30周年記念事業に筆者デザイン

図17：大手食品会社の清潔感漂うゲート。阿見

図18：新北投駅前のソフトなゲート風アート

図19：看板の文字は藤山寛美氏による

図20：1985年のつくば万博前に、色ちがいで4カ所につくられた都市ゲート。つくば市

図21：日露戦勝の和風凱旋門。京橋/東京[3)]

図22：物語を秘めたサン・ビセンテ門。マドリッド

図23：バーゲンを知らせる大胆な仮設ゲート。原宿

図24：台中一のおしゃれなまち並みと教えられた精明一街のゲート。旗が邪魔して残念

図25：歴史的ビルに現代彫刻。アムステルダム

図26：町のゲート。下はフランスの姉妹都市。英国

図27：イベント用仮設ウェルカムゲート。台北

公共サイン

　まちや施設を案内するサインをどのくらいの人々が利用するのだろうか。コストパフォーマンス（費用対効果）から見て、大丈夫かなどと心配する向きもあろう。しかし欧米の鉄道ホームで見る装置（図1）を見れば分かるように、インフォメーションとSOSは並列するほど重要なものなのだ。筆者は病気で約10年間杖の生活を送った。手術前には100mを歩くのが限界になった。幾度となく、距離が明示されたサインに助けられた。また、大震災時においても、まちのサインは多くの利用が確認された。そのようなことから、サインは都市には欠かせないインフラと考えるようになった。そのためには、繰り返しになるがハンデを負う利用者の要望に応え得るものでなくてはならないし、災害時に必要な情報の検討を怠れない。例えば帰宅困難者に対する緊急避難場所の正確な距離や方向の表記などである。

複雑さが増す大都市

　ところで、人口減、少子化が問題となるなか、大都市への機能集中は止まらない。拠点駅の地下への拡張、地中を走る高速道路、地下鉄の延伸ま

図1：類似の装置は、ヨーロッパで一般化

図2：堂々として美しい里程標。デンマーク

図3：ザ・シティのリニューアルされたサイン

図4：従来型の鋳物製。ウェストミンスター

図5：プロポーション、記載事項、製作技術、まち並みとの関係など最高水準。コベントガーデン

図6：図5の側面には詳細情報の質問先が明記

図7：一部の自然石は街との関係を強化。ロンドン

89

図8:アッピア街道第1の里程標。ローマ

図9:これよりつくば道、にし江戸とある。筑波山登山口

図10:サインの設計者としてはこんな光景は嬉しいにちがいない。ドイツ

図11:東京国際フォーラムの案内カウンター

図12:ザ・シティの案内所。ロンドン

図13:マッカラン国際空港の案内カウンター

図14:インチョン空港の案内ロボット

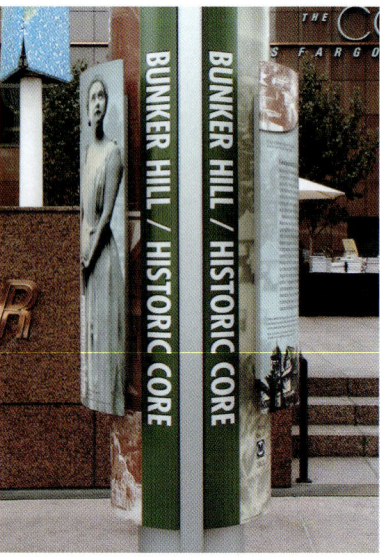

図15:まちの歴史も示すサインが増えている

図16：白いまだらには個別の店名が貼られている。表参道

図17〜18：同じ柱に公共サインと私的広告が同居した珍しい事例。フランクフルト

図19：硬貨を入れるとサインと同じ地図が出てくる。ヘリフォード／英国

たは異路線の乗り入れなど、都市は複雑さを増し、見えなくなる一方である。また、眼前に立ちはだかる高層ビルは、もちろん見えるが、どのような施設が入っているかは想像するしかない。こうした環境は、いわば記号の世界で、ますます各種サインの需要は高まる。携帯電話のナビゲーション機能がこれからの案内サインの機能を担うと考えられるが、やはり従来の単純な標識型と比べれば、まだ不安定であり運用面での課題も多い。つまり、これからもまちやまち並みを魅力あるものにするには、従来型あるいはハイブリッドな案内サインは欠かせない。しかも従来のような、公共と民間を厳然と分けるのではなく、公平を保ちつつ利用者が必要な情報にアクセスできる必要がある。特にホテルや医療施設、ショッピングセンター、銀行などは市民のニーズが高い。

案内所

　最後に、人を配した案内所もこの項で触れておく。人に勝る案内はないが、せっかくの案内カウンターが目立たなかったり、迎え入れるデザインとはいえないことがまだある。オープンで目立ち、かつ、気軽に立ち寄りやすい優しいデザインが求められる。案内人も私服より信頼感を感じさせるコスチュームを着て欲しい。かつて訪ねたスウェーデンの病院では、赤のブレザーに白のスカートのボランティアたちが、きびきびと働いていた。もっとも、最近大型スーパーやDIYショップで、店員に売り場を訪ねると、彼らが先にたって案内してくれる。そのようなシステムになっているのだろう。彼らの仕事を増やしているようで恐縮してしまうが、これも日本独自のきめ細かいサービスと言える。まちにもこんなサービスが生まれたら、きっと人は集まるに違いない。

1) ©H.MIZUGUCHI

図20：シアトル近郊ベルビューの照明付きサイン

図21：サインの足下までデザインされ、まち並み景観に貢献。京都御池通

図22：バス停もまちのイメージに影響する。高岡

図23：ピクトや文字などすべてが明快。ドイツ

図24：痛ましい事件の犠牲者を標す。ロンドン

図25：緑の中のサイン。つくば市

図26：鳥の上には環境保護区の文字。ドイツ[1]

図27：視覚障害者も触れる立体案内。ゲッティーセンター/LA

図28：鹿飛び出し注意。スコットランド

ストリートファニチャ

　横浜市はストリートファニチャの標準タイプとして、バス停、ベンチ、公共ゴミ箱、掲示板、横断防止柵、車止め、道路照明灯、信号柱、交通標識を挙げている。広告は殆どのものに関係する。バス停にはポスター掲出装置が増加中だし、照明灯にはバナーが付き、交通標識ですら、裏面に名所などの写真をプリントした例がある。電柱はどうだろうか。そこには多くの場合、広告が付設される。ベンチの背にも広告が付く。ストリートファニチャは広告景観を形成する重要な構成要素と言える。

図1:トランスでもここまでできるとは。デザイン力のすばらしさを見た。アムステルダム

図2:景観に貢献している温かいデザイン。SF

図3:石の丸みがいい。シントラ駅前/ポルトガル

図4:市への寄付者名か。ブリストル

図5:多種のサインを組み込んだ実験的事例。NY

　ドイツのデュッセルドルフでは電柱の地下埋設に伴って設置される変圧器にポスターを配した美しい例を見た(p71図11)。アムステルダムのものも、忘れられない(図1)。一方、台湾各地で見た変圧器は、どこに行っても具象画が描かれている。絵の巧さにはばらつきがあるが、鮮やかな青を背景に皆よく似ている。台湾のまち並み景観を特徴づけている要素となっている。せっかく電柱がないのにわざわざと思わなくもない。今後わが国も電線の地下埋設の拡大に伴って、地上の変圧器の扱いが課題となる。大きさを抑え、単純な形式

図6:水上バスの駅。シャープなデザインに目を見張る。チューリッヒ

93

図7:分別ゴミ投棄口。収容は地下。スペイン

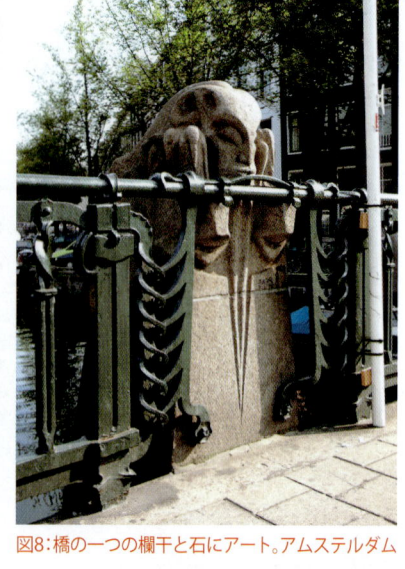

図8:橋の一つの欄干と石にアート。アムステルダム

図9:まちの歴史を残す古い井戸。ドイツ

図10:街灯とボラードは彫刻作品。アムステルダム

図11:清掃車のデザインも景観に影響大。スイス

図12:古いポストはまちのアクセント。ブルージュ

図13:ユーモラスなベンチは景観に好影響。アムステルダム

に揃えれば活用も容易だろう。高さが抑えられている分、景観への影響も少なく、公共案内サイン、ポスター掲示板、通りのアイデンティティ強化物、緊急時連絡を兼ねた電子広告装置等が考えられる。

　話は変わるが、米国のまちでは、新聞社ごとに形も色もばらばらな販売機を置いている。あまり美しいものではないが、アメリカの街角の特徴的な景観であった。しかし、数年前、サンフランシスコで見た販売機は、形式が整えられ、なんとその背面は、映像（広告）が流せるモニターになっていた（p112図29）。

　パリではワインボトルの大きな回収ボックスが目立っていた。色別に3つほど公道に置かれていた。40年以上前からある。もちろんリサイクルのためであるが、雪国のかまくらのような奇妙な形が非常に目障りだった。今ではあまり見なくなり、ケルンで最近見たものなどは、広告塔を兼ねていた。とても立派で回収箱と呼ぶようなものではなかった。一方、スペインのビック市[1]や、サンチャゴでは、ゴミ回収の大型コンテナを、地下に収納し、回収車はクレーンでそれを持ち上げていた。つまり投げ入れ口だけあって、景観を損ねていない。今後はこうしたタイプも増え

94

ると思われた。

　街灯はストリートファニチャの最大のものだろうか。例えば、ミュンヘンのノイハウザー通りの串団子のような街灯はシンボル的存在で、光を包み込むような暖かみのあるそのデザインは名作といえよう。わが国も道路の改修で新しい街灯を試みているが、これはというデザインに出会っていない。目立つ必要はないが、せいぜいまち並みに調和して欲しい。東京銀座の現在の街灯は、相当数あるにもかかわらず、違和感がない。不思議なデザインである。

　ストリートファニチャは道路備品と訳されるが、その多くは都市になくてはならないものである。しかもまち並みの美化やアイデンティティ強化に大いに役立つものだ。ベンチ一つで雰囲気も変わる。軽々に扱えない。

1）バルセロナ北方50kmの古都

図14：賑やかな歓楽街、浅草六区通り。浅草にちなむ役者の顔が並ぶ

図15：環境に相応しくかつ上品な街灯。福岡市

図16：昼間は目立たぬユニークな街灯。神田まで続く

図17：しっかりでき、場に相応しいサイン。小諸市

図18：広告付きで問題になる消火栓だが。つくば市

95

光の魅力

イルミネーション

　年末になると各地の繁華街や公園などで、イルミネーションが話題になる。これほど盛んになったのはいつ頃からだろうか。筆者は、阪神・淡路大震災後、復興と鎮魂を兼ねて開催された神戸のルミナリエが記憶に残っている。一時期は450万人もの見物客が押しよせ、今でも350万人前後の見物客がいるという。光の魅力は凄まじい。明治の頃から、いろいろな場面で、光や灯りが用いられてきた歴史はあるのだが、今日の隆盛はもちろんLEDの発明に負うところが大きい。青色ダイオードも手伝って、色数も増え、ますます身近になってきた。年末の新しい風物詩と言えよう。

香港のシンフォニー・オブ・ライト

　筆者は看板の取材で香港を訪れていて、偶然楽しむことができたのだ

図1：上海万博は光の万博と言えそうだ。メインエントランスから続く光の回廊

図2：青一色の幻想的イルミネーション。つくば市

図3：看板、イルミネーション、雪が混じって美しい。木の葉のような光の配置が暖かい。札幌

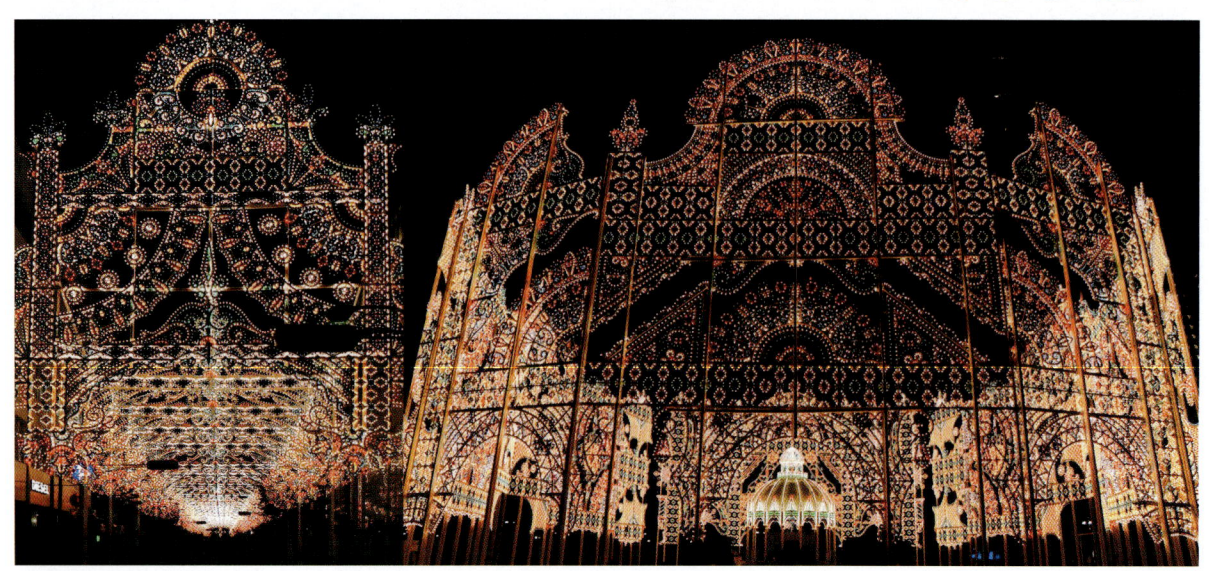

図4〜5：神戸ルミナリエ。主催者は今後の継続のため、会場募金を募っている

©Kobe Luminarie O.C.

図8:チョンゲッチョンの広場のイルミネーション。いろいろパターンが変化する。ソウル

図6〜7:見下ろす光と多彩な光が楽しい。新宿

が、シンフォニー・オブ・ライトというイベントは、2003年からはじまったものらしい。観光局のニュースリリースでは「香港島側の20棟の高層ビルに設置されたサーチライトと、壮大な音楽がシンクロする香港の夜景をもっとも華やかに見せる13分間のショー」と説明している[1]。これが、一過性のイベントに終らず、長く続いたことから、ギネスブックに世界でもっとも大規模で長期間継続されている光と音のショーとして認められている。

1) 香港政府観光局　2005年11月
www.DiscoverHongKong.com/jpn/

図9:香港島のシンフォニー・オブ・ライト。最近は九龍半島側のビルの参加もあり、より壮大に

繰り返しの美と単調さ

　看板に限らず、同じ規格のものが規則的に並ぶのは、正確に時間を刻む時計やメトロノームの音のようなもので、もっともシンプルな美の形といってもよい。その繰り返しが多ければ壮観である。京都の伏見稲荷にある千本鳥居のトンネルが、外国人に大変な人気と聞いたが、これは繰り返しと集合の魅力である。実際のまちの風景は、多様な形、色、大きさの構成要素からなるから、それらを串刺しにするような、同一規格の看板を一定の間隔で多数設置していくことは、景観をまとめる上で有効である。このことは理解しておいていいだろう。大型店の自立型でも頭が揃うと、そこにリズムが生じる（p99図7）。

　しかし、単調に繰り返すリズムだけでは「音楽」にならない。そのためにはメロディーとハーモニーが必要だ。メロディーは変化であり、ハーモニーは調和である。それらが統合して快感、美が生まれる。繰り返す看板の典型は、アーケード内の商店ごとの看板である。商店の規模に関係なく、同じ規格の枠にはめられ、同じ位置に繰り返される。また、日本でもかつては多くあったが、台湾では今もしばしば目にする個人商店の同一規格の内照式看板は壮観である。さらに時代を遡れば、19世紀ロンドンの突き出し看板の事例がある（p3図3）。新しいところでは、道路整備を行い、電柱を地下に埋設し、新たに建つ街灯に付設された看板である。これらは一見、まちが整然と見え、雑然としたまちと比較すれば、新しさも感じるかもしれない。しかし、同じ規格の中で、商店ごとの個性を競うのは、相当なデザイン力を必要とする。また、少し離れれば、皆似たようなものに見える。秩序が勝って、冷たい印象のまちになりかねない。

　ではどうしたらいいだろうか。例

図1：英国では珍しい大陸型（金属）突き出し看板の道。ロンバートストリート／ロンドン

図2：個人商店が同じ形式の看板を出す事例は、台湾や中国ではまだ多い

図3：食品問屋街民生西路。色ちがいがいい。台北

図4：まちごとに意匠を競う祭り。バルセロナ

図5：満州国時代の奉天。横長の看板が並ぶ[1]

図6:全く同じフォーマットの看板だが個性豊か。チューリッヒ

図7:高さが揃うだけで、ある種のまとまりが生まれる。つくば市

図8:カメラ関連の店が集まる台北の一角

えば、形や形式、素材は自由にし、面積をほぼ一定にするなどは一つの方法である。より個性を出しやすく、連続性も確保できるのではないかと思っている。繰り返しが表に出過ぎるのはよくないため、掲出場所も幅を持たせた方がよい。実は、中世の看板で知られるローテンブルクはじめ多くのオールドタウンでは、結果としてそうなっている。また、ヨーロッパのごく普通の商店街においても、掲出の高さ制限を厳しくしているため、多様な色と形のサインでありながら、変化と秩序のバランスがとれている。

図9:看板ばかりが目立つシャッター通り

図10:ビル内の通路に並ぶモニター。川越

1)出典『現代商業美術全集』アルス　1930　p1

図11:美しいまち並み。看板は大きさを揃えながら形は自由にしている。三峡/台湾

店構え

　看板も含めての店構えであるが、これを一項目でまとめるのは、無理な話である。あらゆる業種にわたるからで、ここに並べた写真も、何らかの点で優れている、あるいは特異なものの中から選んだ、ほんの一部に過ぎない。

　店構えとは飲食店や商店の間口あるいは全体のたたずまいを言うのだろうが、構えという語に、にわかづくりの店舗は不似合いで、老舗か大店（おおだな）の感じである。しかしマドリッドにあった本屋は間口1間ほどで、規模からすればキオスク程度だが、陶板タイルの看板と日除けがあり、そこには＜本＞、陶板には＜マドリッドに関する本＞と記されている。間口は狭くても奥の深そうな、立派な店構えである（図1）。逆に国境を超えて拡散しつつある、いわゆるコンビニはチェーンごとのデザインを持ちながら、いずれもよく似てお

図1：小さいながら堂々とした店構え。マドリッド

図2：1985年撮影のディズニーショップ。NY

図3：1864年創立のパイプと葉巻、タバコの王室御用達店で格調が高い。コペンハーゲン

図4：1906年NY創設の視覚障害者福祉施設。SF

図5：新装なった歌舞伎座。幔幕や提灯に見られるのは歌舞伎座定紋「鳳凰丸」。東京

図6:70年代撮影。乳鉢は薬局のシンボル 　　図7:そのものズバリの店構え。ブライトン/英国 　　図8:ビジネス地区の白い店は目立つ。ロンドン

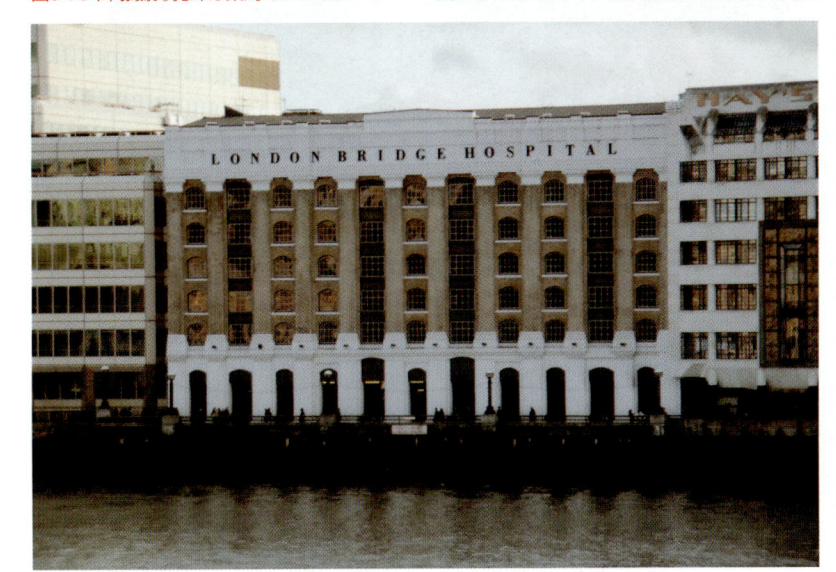

図9:バスカービルの書体が建物によく調和し、信頼感を言外に伝達している。ロンドン

図10:花とツタが美しい明るいパブ。ロンドン

図13:工具や機会部品を扱う店。アムステルダム 　　図14:アールヌーボー様式の建物。オランダ

図11〜12:古きよきアメリカの現役劇場。オークランド

図15:陶板画が美しいフラメンコ店。セビリア　　図16:民家か商家かは分からないが色の鮮やかさが印象的。グラナダ郊外

り、店構えとしては考えにくい。

　店構えという言葉はしっくりこないが、ホテルや旅館のそれは重要である。店構えは、星の数（グレード）に相応しいものでなくてはならないからだ。飲食店や料亭はどうだろう。路地裏の赤提灯一つから高級割烹までピンキリだ。興味深いのは、この世界、ランクが上がるにしたがって、看板が小さくなり色味は薄れ、やがてなくなることだ。もっとも、これは日本の特殊事情かもしれない。

　一般には、店構えで、業種や店の格を表わす。良酒に看板は要らぬ（Good wine needs no bush.）の喩えもあるが、店構えはときには看板以上に情報を伝えている。なお、ブッシュは日本の杉玉、酒林と同じで木の枝やぶどうの蔓などを束ねたものを言う。酒林はつくり酒屋の標であるが、最近では和風酒場の看板として見ることも増えた。

　それはともかく、江戸時代の芝居小屋から、最新の床屋まで、洋の東

図17：いわゆるサーカスというよりカフェやディナーショーを盛んに行う。コペンハーゲン

図18：中華レストラン件宴会場。台北

図19：伝統保存地区の商店。鹿港

図20：間口1間のカフェバー。サンチャゴ

図21：図18の夜の店構え。アジアならではの看板

図22：刃物のように光っていた。つくば市

図23：幹線道路沿いのここで、おそらく何年も営業しているのだろう。デリー/インド

102

図24：古い家並に抑えたデザインで参入。ドイツ

図25：花は有名な男性ファッション店。ドイツ

図26：旧市街の蠟燭店。欧州の個人商店の典型

図27：周辺のイメージを高めている。バルセロナ

図28：ミュンヘン空港直結のホテル入口、色ゲート

図29：買付、販売と書かれた小店舗。ミュンヘン

図30：高速道のSA内。近年の変わり様に驚く

図31：新装なった金沢の菓子老舗

図32：見ただけでサーカスと分かる。つくば市

図33：右端は英国のインに当たるガストハウス。壁の文字が美しい。ドイツ

西、新旧、業種を問わず、店構えを見ていただきたい。威厳のあるもの、華やかなもの、斬新なもの、親しみを覚えるものまである。その中で、もっとも華やかなのは、江戸東京博物館に正面だけ原寸大で復元されている芝居小屋、歌舞伎の中村座である。ハレの場の演出を心得ている（p105図45）。

図34〜35：高級中古車販売店。斜路に並ぶ車はなかなか壮観。つくば市

図36：財界人の社交場として活用されている日本工業倶楽部。丸の内／東京

図37：仏の自然派化粧品会社ロクシタンの福岡店

図38：有形文化財・看板建築。石岡市／茨城県

図39：シャッター画。休日にまち並みを切らない

図40：正統派割烹の店構え。臼杵市／大分県

図41：サインが建物と連動し、シンプルでよい

図42：建物との関係がいいホテル内の料理店

図43：川越の家並を意識した現代建築

図44：大胆なライティング。松阪市

図45：芝居小屋の部分原寸模型。江戸東京博物館

図46：場所にそぐうか判断が難しい。神田

図47：和のテイストが漲っている。岐阜市

図48：童話の挿絵のようなケーキ店。つくば市

図49：ブランドごとの建物が並ぶ南大津通／名古屋市

図50：工芸品のような店構えの飲食店。鎌倉市

図51:アップルの風除室というか玄関。店舗は下にある。NY　　©KEI.NISHIKAWA

図52:歴史的まち並みの郵便局。伊勢市

図53:新感覚の理容店。つくば市

図54:津軽塗りの店。店横の店名がいい。弘前市

図55:木と煉瓦の建物が美しい英国骨董品店。つくば市

図56:金城敏男氏の工房。大きな甕、赤い瓦、中央のシーサーなど快い。沖縄

図57:童話のままの外観のレストラン。つくば市

図58:中はモールのようなスポーツ用品店。つくば市

図59：昭和の店構えは狸小路では目立っていた

図60：王室御用達の宝石・貴金属店の威厳。ビーゴ

図61：広重の浮世絵を彷彿とさせる、現在の有松絞りの店構え。名古屋市

図62：王室御用達の宝石・貴金属店のファサード

図63：新製品を床面に表示した銀座の時計店ニコラス・G・ハイエック・センター

図64：1906年チェルシーにできたミシュランビル。現在はコンランショップ

図65：新旧の構成が見事。香の老舗本店。京都

ポスター掲出装置

　ここでは、欧米でよく見る自立した立体型のポスター掲示装置（poster column, advertising tower）をまとめた。とはいえ、広告塔とキオスクや公衆便所などが一体的にデザインされたものも多く、それらも含めた。円筒型の最もよく目にする広告塔は19世紀中葉より、ドイツ、フランスから全ヨーロッパに広がった。しかし理由は定かでないが、英国で目にする機会は少ない。にもかかわらず、『広告の歴史』には1826年と記された広告塔が載っている。英国のもので、車輪が付いた移動式、しかも内部にランプか蝋燭をともして、馬などに町中を引かせたとある（p38図1）。なんと今の広告宣伝車、アドトラック（p40図15）の先駆けではないか。

　現在の円筒型広告塔はベルリンの印刷業者、エルンスト・リトファスが考案、1857年7月1日にベルリン市内150カ所に設置されたという。市当局の許可を得てのことだから、明瞭に記録されているのだろう。ともあれ、これによって「街頭の"無秩序な壁画"は"広告塔システム"にとって代わられた」[1]。以後30年ほどで、ドイツ主要都市に展開した。現在でも

図1：優雅な屋根付きポスタースタンド。スペイン

図2：公共案内と並ぶポスター。40年前すでに全てのポスターは行政が管理。チューリッヒ

図3：1枚のポスターがまちのイメージに影響

図4：まちから消えつつある電話ボックスとポスター。チューリッヒ

図5:公営か不明だが、どこもきちんと運用

図6:貼り方が大事。隣との相性は×。ブルージュ

図7:高速道路の橋脚にかぶせた広告。上海

図8:学生用掲示板。よく利用されている。UCLA

図9:意図的に残している？スペイン

図10:ポスターではなく看板掲出建築。ビーゴ

図11〜12:複数ポスターを時間で変える。グラナダ

図13:チラシや小型印刷物の配布装置。ウィーン

リトファスの円柱と呼ばれている。一方パリでは、同じく印刷業者のガブリエル・モリスが発案、1868年に初めて設置とある。こちらはモリスの円柱と呼ばれている。

さて、佐伯祐三をはじめとして、多くの画家がパリの広告塔を絵画の素材にしている。それだけ、色とりどりのポスターが貼られた広告塔は、人々のイマジネーションをかき立てる魅力があるものなのだ。円筒の形状が、光を柔らかく受け止め、景観に馴染みやすくしている。四角柱の広告塔もあるが、比べるとやはりどこかぎこちない。ヨーロッパの広告塔が広告景観によい影響を与えている理由はもう一つある。そこに貼られているポスターは、文化あるいは芸術の催しであることが多く、したがって、広告塔はそのまちの文化活動を示す指標でもあるのだ。また、そうしたポスターはある程度の遠方から見ても、内容が想像されるレジビリティ（判読性）の高いデザインになっている。文化ポスターに限らず、ファッションメーカーのキャンペーンポスターや、選挙ポスター（ドイツ）であっても、このようなデザインの基本が守られているように思う。

109

図14:変圧器を利用。アムステルダム

図15:グラナダアートスクールの強烈なポスター

図16:ポスターのデザインが弱い。横浜市

図19:広告収入はまちづくりにとある。秋葉原

図17〜18:広告キューブの積み上げサイン。台北

図20:低く抑えたポスターケース。乃木坂/東京

図21:路面電車駅シェルターを利用。ウィーン

日本の広告塔

　さて、わが国ではどうだろう。日本にもかつて立体の広告塔があったことは、古い映画の背景に見たりするから分かっているが、今日のまちで見ることは極めて少ない。筆者は小型の屋外広告を収斂させるためにもあればと思うが、歩道も狭いし、どのような形状が相応しいのか見当がつかない。ただ、どのような形にせよ、演劇や演奏会、映画などのポスターはもっとまちに出てきて欲しい。新しくつくられるバス停には、ガラスの風除けとポスターケースを組み合わせた欧米同様の形式が見られる

図22:広告が景観を豊かにしている。この形式はスイスで半世紀以上変わらない

図23:ローマ市が管理するポスター掲示版

図24:広告塔はウィーンに欠かせない

図25:交差点の中に悠然とある。ウィーン

図26:ポスターが場の雰囲気をつくる。ウィーン

図27:ロイヤルシアターカンパニーの掲示板

が、掲示されるポスターはもっぱら企業の広告だ。その収益が維持管理に使われていると聞けば、納得せざるを得ないが少々残念である。もっとも、それもデジタルのディスプレイに変われば、新しいコンテンツが見られるかもしれない。

それはともかくとして、世の中がデジタル化していく中で、もっともプリミティブで安定感のある紙のポスターは、安価で子供でもつくれるコミュニケーションの形である。まちから消えて欲しくないと思うのは感傷的に過ぎるだろうか。

1)『現代商業美術全集』第6巻p43　図はp42

図28:相当に大きいが、重厚なまち並みに調和。広告景観のお手本のような光景。ウィーン

111

図29:米国の街角名物とも言える新聞自動販売機の新バージョン

図30:まちの案内と歴史を合わせて掲出

図31:何と立派なガラス瓶回収器だろうか。緑と透明に分けている。ケルン

図32:トイレとポスターが一体化。デンマーク

図33:時計とホテル案内。ビルバオ/スペイン

図34:動画を流す、今後を予見させる。グラナダ

図35:これからのポスター掲出装置はこうなるのか。西鉄天神駅/福岡市

リノベーション

サンアントニオ

　ずいぶん前のことだが、サインデザイン協会のメンバーとテキサスのサンアントニオを訪ねた。特に目立つものもないアメリカ西部のまちに着いてほどなく、案内されて急な階段を降りると、その下に広がる光景に息をのんだことを今でもはっきり覚えている。1963年にサンアントニオ市は汚れた川（運河）の再開発プラン「パセル・デル・リオ」（川の遊歩道）を発表し、着工。5年後、当地で「サンアントニオ国際博覧会」（万博特別博）が開催され、成功を収め、以後、水辺のコンベンションシティとして発展する。淀んだ水とスラム化した場所が、年間1000万人もの観光客を集め、米国人が訪ねたい町ベスト3に入ったのだ。清掃用ボートが常時稼働し、水辺にはレストランやカフェ、豪華なホテルが建ち、ショッピングセンターの建物の中までボートが入

図1:水にもっとも近い再生都市を挙げればサンアントニオは筆頭だろう。テキサス州[1]

図2:煙草工場再生内のデザインセンター。台北

図3〜6:4点とも高雄アートセンター。倉庫街の再生

っていく。アメリカのベニスとの異名をとるが、ベニスにも、アムステルダム、ディズニーランドにも似ていない。それらどこよりも水が近い。谷間の水辺には車道がないこととも関連して、独特の、内と外が曖昧な景観をつくる。夜景もまた格別である。少なくとも訪問当時は、階段を上ると普通の都市が広がっていた。そのコントラストが一層空間の特異性を際立たせていた。

日本

　淀んだ運河と言えば、小樽もそうだ。放置されていた小樽運河はヘド

図7:横浜赤煉瓦倉庫の再生。主として飲食店とショップが入り、各種イベントを開催

113

図8:マドリッド・プリンシペピオ駅ライトアップ

図9:アンティークショップ街のゲート。ロンドン

図10:プリンシペピオ駅の旧駅舎をレストラン、ショッピングモールに改装。マドリッド

図11:図9の内部。可能な限り当時のものを残す努力が見える

図12:缶詰工場をデザインセンターに改装。NY

ロがたまり悪臭を放つまでになったため、1960年代に市から、埋め立て道路とする案が出された。しかし、それに対し運河保存運動が全国規模で起こり、一部を残す形で現在の小樽運河と煉瓦と札幌軟石による倉庫街が保存修復された。1980年代後半のことである。なお1996年には都市景観100選を受賞している。2013年には年間700万人を超す観光客を集めている。

横浜赤レンガ倉庫の1・2号館は明治末から大正時代にかけてつくられた。それから約100年後の2002年、1号館は展示場やホールなど文化スペ

図13:農家の再生。手前の長屋門はギャラリーに、母屋はレストランに活用。つくば市

ースに、2号館は商業施設として生まれ変わった。周辺があまりに整理されてしまったのは残念だが、2004年にはBCS賞（社団法人日本建設業連合会賞）を受賞し、2010年には日本で初めて「ユネスコ文化遺産保全のためのアジア太平洋遺産賞」優秀賞を受賞した。

　身近な所で、秋葉原の交通博物館跡地、昔風な言い方をすればガード下にできた、マーチエキュート神田万世橋を挙げておこう。アーチの連なる特殊な空間に、洗練されたインテリアとディスプレイのショップが入っている。サイン、看板もそれにあわせている。東京では小規模な再生であるが、あの電気街秋葉原に接しているためもあってか、洗練さが際立っている（図15〜18）。

英国

　倉庫や工場などを改修し、新しい施設として再生を図る事業は、今や枚挙にいとまがないほどだが、中でも光るのはロンドンのサウスバンクのテートモダンである。火力発電所を国立現代美術館に再生したもので、2000年のミレニアムを記念してオープンした。空間の巨大さとシンプルで骨太の構造は、現代美術の受け皿にはもってこいであった。パリの元駅舎を再生し、19世紀美術館に変えたオルセーを思わせるが、テートモダンはオープン後の2年間で入館者は1000万人を超え、ニューヨークの近代美術館MOMAをしのぐ数字と聞いて、再生の魅力の強さを思わずにはいられない。新旧のイメージが重なり、施設や空間に現実以上の奥行きや迫力を感じさせるようだ。

図14：火力発電所が現代美術館に変身。リノベーションの白眉。テートモダン

台湾

　台北では、市中心部にある日本統治時代からの、広大なタバコ工場を修復し、デザイン・ミュージアムもある台湾デザインセンターが2004年に誕生した。常時イベントや展覧会が開かれ賑わっている。

　南の高雄市でも、かつての鉄道関連の大規模な倉庫群を現在一大アートセンターに再生中である。できるだけ、元のイメージを残しながら、今日的なデザイン感覚を大胆に対比させる手法は、今後が大いに期待できる。既にオープンしているカフェなどのサインやインテリアの質はすこぶる高い（p113図2・3〜6）。

図15〜18：mAAch エキュートは旧神田万世橋駅をリノベーション。特殊な空間を創造的に活用

1）出典　ryokoubanzai.blog74.fc2.com 「Lonely Jouney」より

広場

　西欧の広場は、ギリシャの都市国家で市場や政治目的の集会などに使われた「アゴラ」に由来するようだ。ローマの城塞都市から発展した中世の都市には、市庁舎、ギルドホール、教会などが囲む広場があり、歴史のあるまちであれば、今でも多く見ることができる。ただし、駐車場のようであったり、市場が開かれたりで一見それらしくない広場もある。規模や形も多様である。

　ここにまとめたのは、新旧、大小を取り混ぜた広場である。少し乱暴だが、札幌ファクトリーの大規模なアトリウムや、スペイン・アトーチャ駅の旧駅舎のドームなどインドアも含めた。すべてに共通しているのは、人々の出入りが自由で、ベンチや木陰あるいはカフェやレストランで人が憩い、交流できる場であることだ。中世都市は、都市全体が船や家に例えられるが、広場はラウンジや居間に当たる。筆者も取材で疲れた時利用するのは、たいがい広場に面したカフェである。人々の生活が見えるし、日の差し込まぬ、路地のような道が多い都市にあって、広場は空が広くて気持ちがいい。そんなことが見直されてか、リニューアルされる広場も増えている。

　わが国には、欧米のような広場は見当たらない。城下町等においては、雁行したり丁字路型の道が広場的な機能を果たしたと言われている。また、江戸時代の橋詰めと呼ばれる空間は、橋の付け根に当たり、高札場などおかれたが、西欧のように囲まれた広場とは逆に開かれた空間である。それよりも、寺の境内や、神社の拝殿前の空間が機能としては近い。そこは現在も骨董市などに利用されている。商業施設を考える上でも、広場は今後重要な要素となることは間違いない。

図1:人口3万5千人程のおとぎ話に出てくるような村の開放的な広場。エルジング

図2:グラナダ、サクロモンテの丘にある教会前広場。大きな居間といった感じ

図3:アーチに囲まれたアビラ(世界遺産)の広場。スペイン

図4:日本の広場と言えようか。札幌ファクトリー

図5:マドリッド旧中央駅舎の再生。店が建て込む駅と違って、のんびりくつろげる広場

図6:川崎駅に隣接するラゾーナ川崎プラザ。開放的で贅沢な空間で、これからを予感させる

図7:パターノスター広場は三菱地所が開発。英国

図8:狭いが変化に富むサンクン広場。丸の内

図9:樹木が印象的なケルンの広場

図10:広場とは言えないが、利用度は高い。巣鴨

図11:ホテルの前庭で等身大の羊の彫像がある。気持ちのよい広場。上海

壁面利用広告

　建物の大小を問わず、看板や広告を壁面に掲出することはもっとも一般的である。伝統的形式では掛け看板や障子看板がこれに当たる。柱を建てたり、屋上にのせるより遥かに容易である。特にフィルムや布へのプリント技術の発展は、上下50mもあろうかという巨大看板を可能にした。中国、台湾のマンション広告で幾度となく目にしている。この規模だと、その景観上の影響は都市全体に及ぶ。ウィーンの新都市でも、建設会社の壁面を巨大なグラフィックが覆っていて、1キロもあろう距離から確認できた。ヨーロッパ最大規模の建設会社とあって、幸いデザインは洗練されたものであった（p119図5・7）。

総量規制

　わが国では総量規制と呼ばれる規制がある。東京都では広告物の表示面積に関して近隣商業地域、商業地域の高さが10mを超える建築物について、設置する広告物の総表示面積が、その建築物の総壁面面積の60％以下となっている。これは壁面広告以外の形式も含めての数値である。ちなみに、兵庫県高砂市では高さが15mを超える建築物を対象に、総表示面積は2分の1を超えないこととなっている。筆者は色彩にしても面積にしても、数値で縛っても環境への配慮がなければ、あるいはデザインに力がなければ、効果は少ないと考えるが、数値基準は安全策としてやはり必要なのだろう。しかしながら50％や60％という数値は、短期間の特例なら別だが、あまりに大きい。量販店の、広告で埋め尽くされた壁面でご理解頂けるだろう。もちろん、中には、だいぶ整理し、デザイン的にも格段とよくなった事例もある。駅正面も広告がところ狭しと並ぶのが常だったが、駅舎改修などに

図1：世界遺産のまち並みにどんないきさつか分からないが、サンデマンの広告だけが見える

図2：まだ馬車が主流の1930年代のフリート通り。左の壁面は広告で埋まっている[1]

図3：パリ。意識的に残している感じがする… 　　図4：建物横壁があれば広告掲出場所になっていた

118

図5:建設大手の壁面利用大広告。ウィーン

図6:ラッピングと言えそうな全壁面広告。台北

図7:図5の遠景。ウィーン新都市

図8:50mを超えるマンション広告。深圳市/中国

伴い、品格を取り戻したところが多くなっている。改修後の東京駅丸の内側は、広告が建物を邪魔しないように配慮されているとの話である。繰り返しになるが、広告・看板は低く、小さく、美しくあって欲しい。

ソウル

さて、韓国のソウルでは、広告の整備がここ数年急激に進んでいる。学生とソウル市を訪ね、今後のことも含めて市から説明を受けたが、その熱意に驚かされた。実際の繁華街では、まだ多くのビル壁面を埋め尽くすほどの広告が彩りも鮮やかに並んでいた。図柄も写真、文字、イラストなど雑多であった。それを、文字(チャンネル文字を推奨)のみにし、壁を覆う率を下げようとの試みだ。高い位置の壁面を用いる事例は、欧米ではごく少なく、あったとしても、ほぼすべてが文字のみの広告である。ソウルはそれに習って改良を進めてい

図9:カシミアで知られるファッションブランド。NY

図10:左官の仕事か、独特の強さがある。長野市

る。市内中心部に清流を取り戻して話題になっている、チョンゲッチョン周辺は、河川改修に合わせて、広告・看板の整備がいち早くなされた。ちなみに、ソウルは2010年にユネスコが認定する創造都市ネットワーク、デザイン分野の都市に選ばれている[2]。

図11:この広告だらけの壁がコペンハーゲンのランドマークのよう

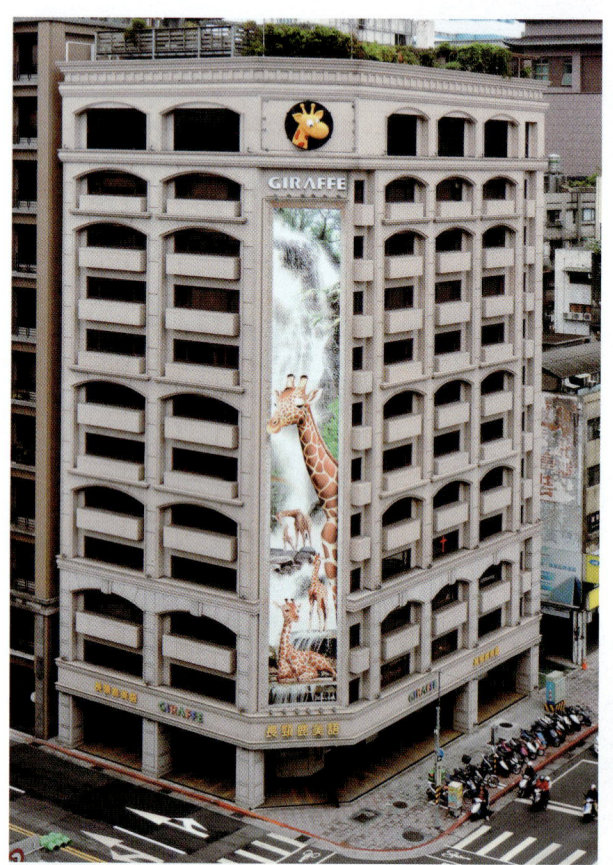

図12:建物のコーナーを利用して、収まりは極めて良好。台北

図13:建物と一体化しているが、ぎこちない。ドイツ

1) 出典　Judy Pulley『street of the city』Capital History 2006 p45
2) ユネスコ創造都市ネットワーク（UNESCO Creative Cities Network）　ユネスコの創造都市ネットワークは、世界各都市の社会的、経済的、文化的発展を強化し、各都市における創作活動を促し、ひいては文化的多様性を進めるユネスコの使命を達成するのが狙いだという。ユネスコでは文学、映画、音楽、工芸・フォークアート、デザイン、メディアアート、食文化の各分野でネットワーク都市認定を行っている。2014年12月1日現在、7分野すべてで69都市が選ばれ、うちデザインは17都市あり、アジアではソウル、中国の北京、深圳、上海、日本の神戸(2008)、名古屋(2008)の各市が認定されている。デザイン以外では金沢市がフォークアート、メディアアーツ、札幌市がメディアアーツで認定されている。認定されれば、都市間で国際ネットワークを構築し、知識や経験を交換するユネスコの様々な活動に参加できる。また、ユネスコのウェブサイト上でデザイン資源の拡充に努め、文化プログラムを進めることも可能となる。細かくは各都市及びユネスコのサイトをご覧頂きたい。

路面・床面

　シェアード・スペースと呼ばれる新しい安全な道づくりの研究をはじめてから、路面の仕上げが気になりはじめた[1]。シェアード・スペースでは、安全性向上とコミュニティ復活のためには車速を下げることが重要で、そのために、いかに道路らしくない道路をつくるかが課題になっている。なぜなら、各種標識を配し、整備すればするほど、車は道路を自分の空間としてわがもの顔で走るからだ。

記憶に残る路面

　それはさておき、＜優れた広告景観は美しい道がつくる＞と常々考えており、路面デザインは広告景観の見過ごせないファクターである。ミラノのガレリア床面やシエナ大聖堂の床モザイクのような著名なものはとにかく、小さな大理石（たいていは白と黒）を並べてつくるリスボン市内の舗道など、様々なパターンがあって実に楽しい。坂の多い街だから、遠目にも楽しむことができる。またグラナダの、磨いたように平滑な自然石の路面は、街路樹の緑を映さんばかりであった。沖縄の首里城周辺の道は琉球石灰岩（珊瑚礁）からできていると聞いたが、淡い珊瑚色をしていた。中野駅前のサンモールアーケード街の床も錯視的な図柄で記憶に残っている（p122図7）。

　かつて、市民団体「公共の色彩を考える会」を立ち上げた故小池岩太郎氏（芸大教授）は、よいまちの色はと聞かれたら、＜道ゆく女性が美しく見えるまちの色＞と答えていた。とすれば、灰色の自然石を基調に、テクスチャーに変化を持たせた程度の抑えた路面デザインがそれに当たるだろう。新しいブランドショップ街、丸の内仲通りや、横浜元町が思い浮かぶ。そこでは、建物壁面、ストリートファニチャも抑えた色調で、各店舗

図1：黒と白の立方体の小石をモザイク状に敷き詰めている。リスボンはそれを見るだけでも楽しい

図2〜3：共に繊細な路面デザイン。ホーチミン 　　図4：美術史美術館の廊下。ウィーン

図5：大胆なデザインを無彩色でまとめたすばらしい路面デザイン。大分市

121

の店内やショーウインドウが引き立つように見える。

内か外か

　最後に、路面への意識についてB.ルドフスキーの言葉に触れておこう。「オランダ人はペイブメントを雨が降っていても洗う」「ブリュッセルでは石鹸で歩道を洗い、その慣習は現代に引き継がれている」と、ややあきれ気味に複数の著名人の言葉を引用して述べている[2]。我々日本人も、家の前の道路は毎日のように清掃するが、それは掃き清めるといった感じである。これはおそらく内か外かの意識の違いと考えられる。和辻哲郎の『風土』で、日本人には家の中が内である。西欧人にとって、中とは鍵のかかる部屋を言い、廊下や食堂、まして集合住宅の廊下は外だという。たしかに、中世には汚物を窓から捨てていた、などと聞けばそれはうなずける。しかしながら、今日、広告景観からすれば、市壁に囲まれた古都においては、市壁の外こそが魑魅魍魎の闊歩する外であって、都市内は完全な外ではない。どこにいても人の目が届き、ことが起きれば協同して対処する、都市は大きな家や船に例えられる。だから、色彩、建材、建築規模とその様式など、互いに強い制約を守っている。看板・広告にしても

図6:石の豊富な台湾ならでは。台北

図7:中野サンモールの錯視的な路面

図8:首里城周辺の珊瑚の道。那覇市

図9:珊瑚色コーラルに路面を変えている

図10:階ごとに変えている床面意匠。札幌

図11:ネオルネサンス様式の床。ウィーン

図12:大胆な造形はいかにもロスアンゼルスに相応しい

図13:都市内は家の中を証明しているような舗道

図14:シェアードスペースの交差点路面をテクスチャーごと変えている。アシュフォード/英国

図15:青海波文様の交差点。常陸太田/茨城県

図16:女王戴冠25周年記念の路面プラーク。英国

同じで、節度を要求されるのは当たり前のことなのだろう。彼らにとって他人ごとではないのだ。古都の通りは廊下なのだ。そう考えれば、カーペットのようなモザイクの路面や磨き上げた大理石の路面も容易に理解できる。

1) シェアードスペース(shared space)はオランダの交通技術者ハンス・モンデルマンが1980年代に発案した都市デザインの概念で標識や信号、横断歩道、中央線などをなくすことで歩行者や車の自主性を高め、車速を減じ、アイコンタクトをしながら通行するよう促すことで、交通の安全性を高めようとするもの。EUも支援
2) B.ルドフスキー　平井他訳『人間のための街路』　鹿島出版会　1973

図17:筑波大学構内道路(一部)にペイント。車速を下げ、自転車の車道通行を促す試み

図18:シェアードスペースの考えを取り入れた、自由度の高い道路。エキシビションロード／ロンドン

図19:陶器のまち鶯鳴(インクー)の路面。台湾

図20:図18と同じ。広場とも言える

123

キオスク・移動店舗

キオスクはペルシャ語やトルコ語を経て欧州に広まったもので、元来の意味は庭園に置かれる東屋やガゼボなど、簡易な建造物を指したらしい。それが都市内の移動が容易な露店や電話ボックス、広告塔なども指すようになった。JRグループでは駅構内の売店をキヨスクと表記している。＜清く＞の意味を重ねたと説明にある[1]。

ここでは移動可能な売店・サービスとしてまとめた。パラソル1つのアイスクリーム売り、路端で営業する床屋、天秤棒を担いでの移動販売から、夜市の屋台の数々、オフィス街に小型自動車で昼時だけ現れる弁当屋まで、バラエティに富んでいる。移動に加えて、これらに共通しているのは、限られた商品を前にした、売り手と買い手の近さである。筆者の子供の頃は、家に常備する薬(おきぐすり)が紙袋に入って吊るしてあり、定期的に来訪する薬売りは、それを点検して足りないものを補充していたように記憶する。子供たちはそのおじさんが置いていく、紙風船などのお土産を楽しみにしていた。これはおまけ商法の先駆けとしても重要なようだ。いずれにしても、信頼関係が成立し、会話なしには成り立たない

図1:駅の入口付近のパン屋。客が絶えないから美味しいのだろう。デザインも最高。スイス

図2:チューリッヒ映画祭専用チケットオフィス

図3:湖畔の立派なキオスク。チューリッヒ

図4:ホテルのグッズ販売所。ラスベガス空港

図5:大通りの緑の中、煙草と宝くじの華やかな売り場。リスボン

図6:まちの雰囲気を高める観光案内所。グラナダ

図7:屋根の看板は土地の新聞社の名前。ジローナ

商売であった。同様に新鮮な野菜や魚を訪ねて売り歩く人も多かった。産地直送であるが、やがてそれらは小さなトラックに変わり、まちかどや団地に停車し商っていたが、これも次第に見なくなった。

　ところが、近頃、新たなスタイルで、再び移動販売車が出現しはじめた。よく行くクリニックの出口脇には石焼き芋屋とメロンパンの小さな車が交互に出る。もっとも、焼き芋屋は昔ながらの色気のないままだが、それが味にも影響してか、なかなかおいしくファンがいる。メロンパンは対照的に日除けなど出しておしゃれである。それよりさらに凝った移

図8:駅構内のスイーツショップ。パディントン駅

図9:移動アイスクリーム店。サンアントニオ

図10:古代ローマの遺跡、フォロロマーノ付近の移動カフェ。ローマ

図11:全体の造りがしゃれている。パリ北駅

図12:教会と花屋の仮設店舗が一体。ロンドン

図13:スーパーの駐車場に止まっていた、新鮮な鳥のグリルと書かれた移動販売車。ドイツ

動店舗をサンデーマーケットで見た。荷台を開くとおもちゃの家のようで、そこから棚やら展示の台が出てきて、賑やかである。これから増えると直感した。小物なら相当な品揃えもできそうだし、店を構えて客が来るのを待つより、効率的かもしれない(図14)。

ところで、茨城県のつくば市はできてからまだ半世紀にも満たない、乾いた感じのまちである。市の中心部に商業施設はあるが、個人商店は殆どない。そこに近年、先に触れたような移動店舗が現れた。果物、野菜、パン、クレープなどを売る。市が中心部の魅力や賑わい促進のために行う策のようだが、歩行者専用路や、駅前交番の横に小さな店が並ぶのは、ほっとする。定期的に開かれるマーケットとともに、うまく育って欲しい。

移動可能だが、半ば固定の商店化しているのが、ソウル中心部の繁華街で見た屋台である。普通の屋台は店じまいすれば移動するが、ここは

図14:小さな車から沢山の小物が。ディスプレイも凝っている。富山市

図15:村の夏祭り、郷愁を感じる風景。茨城県

図16:仮設ではなさそうだが、フルーツジュースの店。ニューデリー/インド

図17:移動販売の原型。いろいろなものが今もこの形で売られる。ベトナム

図18:現代版ヤシの実ジュース移動販売。ベトナム

図19:お茶の実演販売ブース。桃園空港/台湾

小さくたたまれそのままである。どの屋台も共通していて、色彩も渋く見苦しくないよう配慮されている。デザイン都市を目指すソウルの意気込みが見て取れる（図24〜25）。

ともあれ、各地の朝市や夜店も同様だが、ものの売り買いは、ものと金銭の交換に留まらず、極めてヒューマンなことなのだと理解できる。郊外の巨大スーパーやショッピングセンターと対照的存在である。

芝居絵を売り歩く江戸の紅絵売り『骨董集』[2]

1) Wikipediaキヨスク最終更新 2014/7/29
2) 大伏肇『日本の広告表現千年の歩み』 日本広告研究所　p177

図20：コカコーラとサンタの赤に中国の赤い提灯が加わった仮設店舗。広州市

図21：屋根には＜ゲイとレスビアン・インフォ＞

図22：ミノムシのようなキオスク。上海

図23：市のゲート脇にあるキオスク。ベルン/スイス

図24：システム化されたソウルの屋台。道路側はポスター掲示板になっている

図25：図24とは別のタイプの移動型店舗

図26：間違いようのないデザイン。ポルトガル

127

壁画とスーパーグラフィック

　一般的には、壁画は美術分野で使われ、スーパーグラフィックはデザイン分野で使われる。壁画の代表はやはりキリスト教会内部等の壁や天井を埋め尽くす宗教画であろう。優れたものは人類最高の芸術作品に入れられるが、その本来の意図は聖書の絵解きであり、神を讃えることである。したがって目的の明快なイラストレーションともいえる。

　固有名詞としてのスーパーグラフィックは1960年後半から、建物外壁等に抽象、具象を問わず描かれた特定の造形を指す。装飾を排したモダニズム建築へのアンチテーゼと見ることも可能だが、現われ方は多様で、だまし絵的なものも多い。また広告に近いものもあるため、環境造形として捉えるのが妥当だろう。また、都市の再生、芸術家の社会参加の機会

図1:中央ヨーロッパに多いフレスコ画。スイス

図2:歴史あるホテルのレストラン。チューリッヒ

図3:船具メーカーの外壁。サンフランシスコ

図4:ここがグラフィティアートの聖地と後で知った。ウォータールー駅下通路。ロンドン

図5:チューリッヒの歴史地区で撮影

図6:集合住宅の色彩更新はスーパーグラフィックとも言える。ブリストルの景観づくり

図7:巨匠チリーダの壁画。バルセロナ現代美術館横

図8:まちがいなくまちの品格が高い。ポルト

図9:スーパーグラフィック全盛期の作品。ニューヨーク

図10:建物の向こうには描かれた橋が実際にある。ニューヨーク

図11:劇場・演奏会場KOMEDIA。ブライトン

提供、色彩計画など多面的な要素を含む。70年代後半には下火になるが、後のポストモダニズムにつながる動きであることは間違いない。

　ここでは、まち並み景観に関わるグラフィックを集めた。

図12:無彩色のターミナルに彩りを添えている。つくば市

1) https://kotobank.jp/word/スーパーグラフィック-540513

129

ビルディング・サイン

　アムステルダムのまちを歩いていて、建物外壁に付けられた、小型で石を刻んだサインらしきものをしばしば目にした。古い建物の入口アーチのキーストーン（要石・楔石）などに建設年を彫り込んだものがあるが、その変形かと思っていた。しかし、アムステルダム国立美術館のカタログには、これをストーン・タブレットと表記して、資料としてまとめているのをインターネットで知った[1]。かつては、現代のように地番表示は整っておらず、しかも建物がそれぞれ類似していたため、目印となるもの

図1:窓の一つに組込まれている。アムステルダム

図2:ワインをつくるプロセス。アムステルダム

図3:旧ポストで1912年に改築。チューリッヒ

図4:ブルー・プラークと言われる英国共通の銘板

図5:概して個人名はではなく建物名を出す。英国

図6:家具屋あるいは家具職人？アムステルダム

図7:入口アーチ上の竣工年を示すタブレット

が必要だった。そのためにストーン・タブレットがつくられたというのだ。したがって、装飾でもなく、何か縁起を担ぐものでもなく、それはサインそのものである。そのモチーフは、ビルの所有者の職業や、守護神、土地にまつわるものなど多様である[2]（図1・2・6、p131図10）。
　一方、アメリカのビル名を文字で記した事例もここに挙げた。趣はだいぶ異なるが、機能は似ている。建物のコーナー上部に見ることが多く、何か様式的な感じがする。骨格のしっかりした書体で明瞭に書かれたそれは、筆者にとって米国を強く感じ

図8:ポルトガルの家という名の食堂。バルセロナ

図9:1599年創建、今は肉加工品店。スイス

130

させる。図13はサンフランシスコの建築遺産、ホバートビルであるが、文字の書かれた壁面は、以前は隣のビルが接していた部分。しかし、それがかえって1914年竣工の新古典主義建築をユニークに見せている。

　もう一つ、英国のブルー・プラークもここに入れた。著名人が住んだ建物や歴史的出来事が起きた場所などに付けられる、青く丸い銘板だ。築数百年の建物は珍しくないから、思わぬところで歴史的人物を身近に感じることも少なくない。歴史をまちに刻むことは、まちの魅力アップに直結する（p130図4）。

1) http://www.livius.org/dutchhistory/amsterdam
2) http://www.livius.org/dutchhistory/amsterdam/amsterdam_gevelstenen2.html（アムステルダムのストーンタブレッツ）

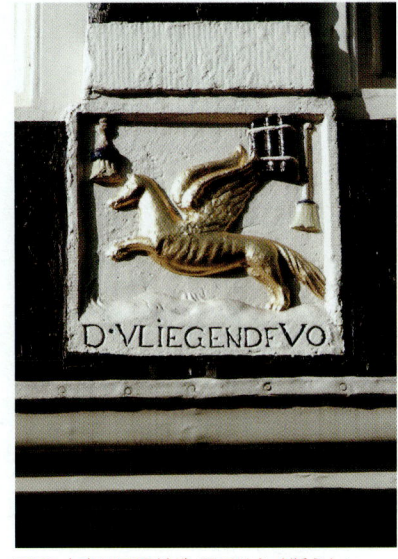

図10：由来は不明だが、馬ではなく狐らしい

図11：撮影場所データを紛失。米国

図12：フェラン・ビル。サンフランシスコ

図13：新古典主義建築の白眉。サンフランシスコのランドマーク

図14：ごく一般的な形式のオフィスビルサイン

図15：舗道に埋め込まれた金属が光るビルディング・サイン

水辺のまち

運河

　英国のマンチェスターは運河のまちである。18世紀後半から19世紀前半にかけてつくられた多くの運河がネットワークとして今も残り、世界遺産に申請中と聞いた。大半は鉄道の発達した19世紀末にはその役割を終えた。マンチェスターはしかし細々とであっても20世紀半ばまで利用され、それ以後は全くだったという。そのため、水質は悪化し、周辺には古い倉庫や工場廃屋が残された。しかし、最近訪ねて驚いた。運河の水はまだ淀んでいたが、運河や船溜まりの周辺にはマンションや公共施設、商業施設が次々と建設され、また古い倉庫などが改修され、変化に富む極めて魅力的なまちが生まれつつあった。その一部の水辺に猫の額ほどの砂の広場つくられていたが、金曜日の午後とあって、子供と大人であふれていたし、庭付きパブにはバーベキューとビールを楽しむ人が、ごった返していた。どうして、これほどまでに人は水辺にひかれるのだろうか。水の魅力に加えて、郷愁のような時間の記憶が織り込まれているからかもしれない。

　ロンドンでは、パディントン駅周

図1:右の人ごみはパブ。運河沿いは人気のエリア。新しいプロジェクトが目白押し。マンチェスター

図2:デュッセルドルフの目抜き通りケーニッヒスアレーに沿った運河。豊かな景観

図3:リマト川を湖側から望む。チューリッヒ

図4:現実味が薄いほど保全改修されている。ゲント

図5:アムステルダムの中では狭い運河。車は規制しているのか、のんびりしている

辺の運河再開発が盛んであるが、その近くのリトル・ベニスから、アンティークマーケットで知られるカムデン・ロックまで小1時間、運河をナローボートでめぐる気軽なコースがある。動物園の中を横切るのも一興だが、ガイドの説明によればその両サイドの土地は王室所有らしく、やはり近年人気が出て、豪華なマンションが建設中とのことだった。19世紀の産業遺産が今、人々を魅了する装置として生まれ変わろうとしている。

その他

一方、よりメジャーな水のまち並

図6：英国西部の活気と魅力の港町。ブリストル

図7：ホイアンの川岸にある青物と魚の市場。船で近くから運ばれた品物らしく、新鮮で多種

図8：大阪道頓堀の特異な景観

図9：ワインの交易で栄えたドウロ川辺のまち並み。ポルト

みとしては、まず、ベネティア、アムステルダム、水運の基地として栄えたベルギーのゲントなどが挙げられる。いずれも、説明を要しない魅力的な古いまち並みである。

他に米国西部のサンアントニオのリバーウォーク（p.113参照）や2005年にわずか数年の工期で完成したソウルの清渓川（チョンゲッチョン）など、水辺の再開発は多々ある。清渓川の場合は、周辺地区の再開発や公共交通網、そして屋外広告の整備を並行して行った。特に商店の看板を大胆に規制し、大学教員も加わってつくったフォーマットを活用した一連の新しい看板でも話題になっている。

宝の山

水の国、わが国にも、柳川に代表されるような、のどかな水辺のまち並みは多い。大都市も大阪をはじめ、河川が貫くところが多い。洪水など災害を視野に入れなくてはならないが、それらの水辺は、まだまだ生活とのつながりは希薄だ。宝の山が眠っていると考えてよいだろう。

1) 出典　http://dreams.world.coocan.jp/photo/zis/usa/SanAntonio/Riverwalk/t_rw_33.jpg—サンアントニオー

図10：ロンドン西部の再開発の中心は運河

図11：暗渠の上は道路，その上に高速道路。それらを撤去して流れをつくった。ソウル

図12：淀んだ運河だが、人々は水辺が大好き。マンチェスター

図13：赤いリンゴは景観地区外か。ゲント

夜景と広告

　都市の夜景には値段がつくようだ。ちなみに、ナポリ、香港と並んで世界三大夜景と言われる函館は100万ドル。日本三大夜景の一つ、六甲山系の摩耶山からの神戸の夜景は観光案内に1000万ドルとある。もっとも、2012年長崎で開かれた夜景サミットにおいて、香港、モナコ、長崎が「世界新三大夜景」に認定されたと聞いた[1]。それはともかく、これらは近くの丘や山頂から見下ろす、まち全体の光景である。

　空の上からの夜景も、たびたび鑑賞できるようになった。一つ印象に残るのは、万博取材の際に航空機から見た上海の夜景だ。世界に誇る大都市で、活気に満ちた都市である。明るいのは当然として、その中に青く長い2本の線がひときわ目立っていた。市を貫く長江の両岸に設置したLEDの光だった。万博に合わせたものらしいが、その長大な光の線は、かなり遠くからも見え、しばらく目が釘付けとなった。

　ラスベガスの夜景も圧倒的だが、これはメインストリートを挟んで建ち並ぶ巨大ホテルの、ライトアップ、看板、各種イベントに負うところが大きい。ここはライトアップにしても、変化し緩急をつけた演出がされ、

図1:銀座4丁目から新橋方面の夜景。リコーの屋上広告は出色

図2:何でも大きいラスベガス

図3:ラスベガスの定番

図4:グリコのネオンは2003年に大阪市指定景観形成物になった。大阪道頓堀

135

図5:新宿駅南口の高島屋の夜景。線路を挟んだ西側から全体が見える

図6:シースルーのスポーツ用品店。ベトナム

図7:新幹線改札口から見た量販店の大壁面。名古屋

まさにショーとしての特色がある。アーケードや玄関、ロビーの華やぎも加えて、まち中が燃え立つようである。非日常のまち、常時ハレのまち、お祭りのまちである。

スカイラインそしてアドボート？

　もう一つはむしろ低い場所から眺める夜のスカイラインである。高層ビルがある程度以上の密度で建っていなければ、また、最上部をライトアップしていなければ、この光景は見られない。これも上海で見たものは見事であった。しかし、中には、ビル全体の輪郭線をLEDで見せるものや、壁面全体をモニターに見立てるようなものもあった。加えて、大きな液晶モニターを載せた船、アドトラックの水上版、アドボート？が、動く広告を映し出しながら長江を何艘も移動していた。より大きく、より明るく、より鮮やかに、を目指す中国の今が感じられた。言うまでもないが、美しさの基準は、国や地域で異なる。陰影を礼賛し、うつろさに引かれる我々には、LEDで飾りたてられた観光船も、アドボートもいささかまぶし過ぎた。

　さて、東京の見上げる夜景はどうか。そういえば、そんな目で眺めていないことに改めて気づく。筆者がよく利用する高速道路からはスカイツ

図8:昼間と違う顔を見せる新宿の百貨店

図9:日没直後のバルセロナ旧市街。ネオンは特例

136

リーばかりが目立っている。しかし、屋上の広告塔が林立し、光の河と化す銀座のような、まさに夜の広告景観は世界的にも珍しいとは、広告経済学の先生の言葉である。銀座はビルと広告塔の高さに制限が設けられており、建物との一体感も意識されているから、確かにさほどの乱雑な印象はない。

1）www.at-nagasaki.jp/yakei/w3nightview/

図10：上海の川辺に集まり涼む人々。ビルのライトアップが美しい

図11：船から見た電飾されたビル。色が変わる

図12：大画面を載せて川を上下するいわばアドボート。音声と動く映像が流れる。上海

図13：ランタンのまち、ホイアンの夜景。ベトナム

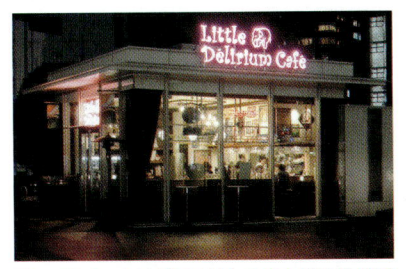

図14：サインよりガラス越しの店内が看板。新宿

図15：橋は七色に変化し、ビルの最上階はライトアップ。2010年の上海は燃えるようだった

特別寄稿3

メッセージに心を込める
屋外広告物の課題を暖簾をとおして考える

武山良三
富山大学芸術文化学部教授

図1：隅々まで心配りがなされた京都の和食店には客を見送る女将の姿があった（上3枚）

図2：季節によって色違いの暖簾を掛け替える金沢の和食店

図3：富山市岩瀬のガラス工房。太鼓暖簾の重りがガラス製

　屋外広告物が各地の景観審議会等で問題視されているが、その掲出目的を見ると、商業目的の広告物に課題が多いことがわかる。筆者の調査でも駅前や繁華街では商業目的の広告物が大半を占める。まず数が多いこと、さらに集客のために少しでも目立ちたいという心理が働いて、大きな画面や派手な色彩が使われる傾向があるからだろう。

　では、繁盛しているお店の看板が目立つかと言えば必ずしもそうではない。「こんなところにお店があるのか」と不安になるような路地裏立地で、看板も控えめであっても繁盛しているお店はいくらでもある。そもそも看板をどれほど大きくしても、見える範囲は限られる。集客とは本来はそのお店の味や品揃え、接客などで勝負し、それが様々な情報として伝わることによってなされるものだが、そのような中味がないお店に限って見てくれを気にするようだ。

　広告物を目立たせるようになったのは、人々の行動範囲が拡大したこととも無縁ではない。人々はかつて小さなまちで一生の大半を過ごした。自分の住むまちのどこにどのようなお店があるかは経験的に知ることができた。しかし、今日行動範囲は拡大し、初めて訪れるまちも増えた。いわゆる「一見さん」にとって発見し易い広告物は効果的だ。しかし、一見さんで採算が取れるのは、よほど著名な観光地だけだ。お店の屋台骨を支えるのは、常連客であることを忘れてはならない。

　近年、買い物の度にポイントをつけるサービスが一般化しているが、

これは客の囲い込み戦略に他ならない。我が国も人口減少の時代に入り限られた客しかいないのだから、確実に来店してもらうこと、且つその頻度を高めてもらうしかなく、お店は手堅く客を確保しようとする。

このような状況を考えると、今お店に求められているのは好感度だ。入りたくなるお店、買いたくなる魅力あるお店だ。それは単に価格が安いというのではなく、「雰囲気がいい」や「店舗のコンセプトに共感できる」といったことが決め手になる。

暖簾の優れた特性

伝統的な広告物に暖簾がある。その起源は平安時代と言われるが、元は日除けや目隠しとして使われていた。鎌倉時代に入り商家が屋号を染め抜いた暖簾を掛けるようになり、江戸期には文字入りの暖簾も登場し、お店のシンボルとなっていった。暖簾は店主に代わって客を迎えるための大切な道具なのである。京都の老舗では、今でも客の姿が見えなくなるまで見送る女将の姿を見かけることがあるが、暖簾はまさにそのような心遣いを含んだ広告物だ。目立てばよいなどという発想はそこにはない。

図4:岡山県真庭市の暖簾を使ったまちづくり(本ページの写真全て)

屋外広告物がなぜ課題になっているか。それは実は大きさや使われる色彩の問題ではない。店主が客とどのようなコミュニケーションを取ろうとしているか、そのメッセージに"心"がこもっていないことが課題なのである。「自分さえ儲かればいい」という感覚が表出したものがまちに溢れている自己主張型広告物である。この状況を改善するには、まずは店主の価値意識やモラルが問われるべきである。

暖簾は、店開きを示すサインとして掲げられ、また外すことで閉店が

139

図5:シンプルな色彩構成の暖簾が伝統的なファサードにかかると、不思議とモダンな印象を受ける京都の旅館

示される。さらに冬は藍染めの白抜き、夏は麻生地に家紋を紺色で染めるなど、季節に応じて使い分け、細やかな配慮がなされた。

暖簾は長暖簾、水引暖簾、太鼓暖簾など様々な形状にアレンジができる。風に揺れるという特性が着目度を高める効果もある。また、布に染められることによって鮮やかな色彩も落ち着いた色彩に感じられる。

現代の広告物にも活用したい暖簾

暖簾の利用は和菓子店や割烹、旅館など一部のお店に限られている。どうやら「暖簾＝和風」という先入観があるようだが、モダンな店舗や全国展開するフランチャイズチェーン

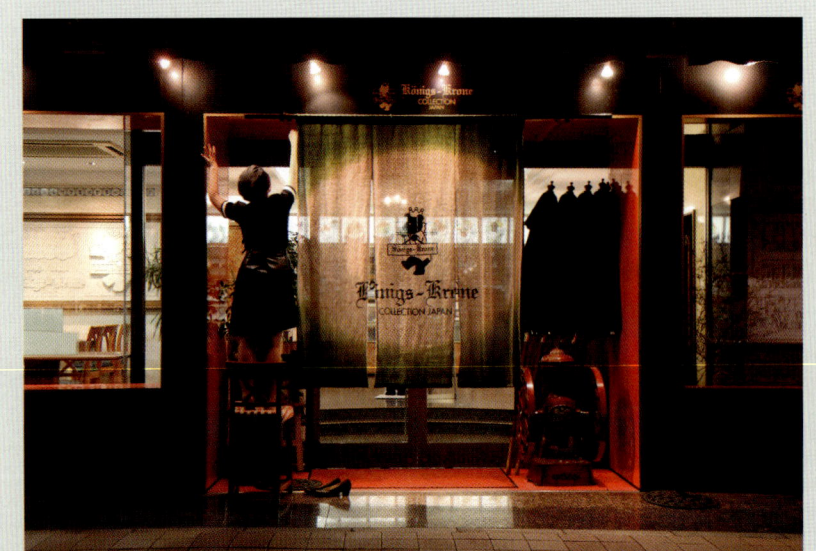

図6:神戸の洋菓子店

図7:金沢のレストラン

図8:京都のお店

店でも活用して貰いたいものだ。優れた機能性はもとより、暖簾という形状だけでお店の"心"を示さなければならないという覚悟が生まれると考えるからだ。

暖簾の可能性を現代に適応させた事例はいくつかある。まずは岡山県真庭市の暖簾を用いたまちづくり。加納容子さんという染織家がふるさとへ帰り、ご近所さんの暖簾をつくってあげたことを発端に、100件ほどが手染めの暖簾を掲げるようになった。ひとつひとつ話し合ってつくられたデザインは創意工夫が感じられ魅力的だ。まちでは暖簾スタンプをつくって盛り上げ、2008年度の都市景観大賞を受賞した。まさに住民が加わって、屋外広告物を活用した景観づくりが行われた事例だ。

ちょっとした設えでは、富山市岩瀬にある太鼓暖簾が見ものだ。ガラス工房のアトリエであることからガラス製の重りが設置されている。

モダンなデザインへの展開では、京都や金沢等でよい事例に出会える。シンプルな色彩構成だけのデザインが伝統的な町屋に掛けられると、逆にモダンに感じられるところが面白い。神戸の洋菓子店では、透過感のある布にお店のシンボルであるクマの絵柄がデザインされている。赤と黒を基調としたモダンなファサードにも、暖簾が似合うことを教えてくれる事例だ。

京都・祇園にある佐川急便では「飛脚便」と銘打って藍色の暖簾を下げている。全国でもここだけということで、ネットでも話題になっている。東福寺近くの酒屋にかけられた水引暖簾は、飲料メーカーの宣伝用のものだが、よく見ると袋縫いされており質のよいものを提供しようという姿勢が感じられる。牛丼チェーンでも太鼓暖簾が使われているお店がある。木質系の看板とセットになっており、これなど京都をはじめとする伝統的な景観が残る地域で活用して貰いたいデザインだ。

図9:京都祇園にある宅配便の営業所

図10:京都・東福寺近くの酒屋にかけられた大手飲料メーカーの水引暖簾

図11:牛丼チェーンの秋葉原店

図12:マッサージチェーンの神戸店

図13:和食チェーンの京都三条本店

看板と文字

　広告に限らず、グラフィックデザイン全般において、文字が重要な要素であることは分かっていても、その割には教育や、現場で重視されていないのではないか。活字そのものはすでに遺産のような存在であるが、グーテンベルクが印刷術を発明して以来、500年を超える書体や文字組、書籍に関する知の蓄積は膨大であり、そこから多くを学ぶことができる。またその間につくられた世に言うところの名作書体を我々は今も使うことができる。天才と呼ばれる人々の書体を、自分のデザイン要素として、使えることはなんと幸せなことだろうか。

　広告デザイナーは文字を扱うプロフェッショナルとしての基礎知識を蓄え、多くの優れた先達の仕事に触れることが大切だ。そして、実践を通じて、情報を確実に伝えながら環境とも調和する、より高度なデザインを目指すべきだろう。

部分と全体

　繰り返すが、文字とはすばらしくよくできた記号の体系である。個々の文字は識別しやすいように、それぞれが違っていなくてはならない。しかし、それが単語に、そして文章に組まれた場合、隣にどのような文字が来ても、滑らかな連続性を持たなくてはならない。これは相反する性質である。そのために、アルファベットには、文字のパーツの比例を揃えるための5本の基準線が決められており、また、書体の枠組みがあるのだ。こうした仕組みはデザイン全般が負う、部分と全体の統合という課題につながる。もちろん広告景観にも当てはまる。

文字看板の名作

　さて、ここでは文字主体の看板類をまとめた。工芸的なものから、印刷

図1:建材と同じ素材で文字を作成。バルセロナ

図2:金属の立体文字は描いたように完璧

図3:これほど力強い文字は他に知らない

図4:ステーキハウスの仮囲い。アールデコ

図5:影が加わり完成か。ジローナの家具店のサイン

図6:ファッションブランド店。ロンドン

図7:繊細の極み。地中海料理店。米国

図8:スクリプト体はオペラから発想か。SF

図9:英国運河の船に見られる様々なレタリング

図10:陶器のパーツ組み合わせが独特の味。台湾

図11:凝ったサインで、ケルン大聖堂建築組合とでも訳せばいいのだろうか

図12:ロンドン橋周辺再開発地区の貸店舗広告

図13:石に彫り込んだだけの書体が優雅

図14:白い大きな文字は＜劇場＞黒字は＜夏の世の夢＞。チューリッヒ

図15:川越の現役の看板。絹ごしの感じがする

図16:デンマーク国立図書館入口。コペンハーゲン

図17:赤白味噌の文字と壺の形が完璧[1]

図18:スレートに彫り金を差したサイン。カリグラフィアートの域に達している。サウサンプトン

図19:中世の職人ギルドホールを活用。バーゼル

図20:単純な変形だが強烈。ロンドン

図21~22:文字の曲線が楽しいに違いない。アムステルダム

図23:木の間から彫刻のような文字が見え隠れする景観は新鮮だ。アムステルダム

されたモダンなものまで、筆者が出会った興味深い看板を選んだ。川越の豆腐店の看板(p143図15)や、みそ樽のかたちに赤白味噌とネバリ気のある文字で書かれたもの(p143図17)などは、象形文字の遺伝子を持つとはいえ、この造形力に敬服する。文字というよりイラストレーションに近い。分かりやすく、シンプルで力強い。看板の名作である。

素材の魅力

屋外広告の場合、今は印刷シートが圧倒的だが、素材に気を配ることも要である。石に彫り込んだ文字、鉄の文字、もちろん木や土、陶器もある。それぞれに独特の味を持つ。鉄や石と対照的なのが、ネオンサインの文字である。溶けたガラスのチューブを加工するから、柔らかい線が独特で、その上柔らかい光を放つから、ネオン文字の魅力は他に代え難いものである(ネオンとLEDの項参照)。

I amsterdam

オランダでは2010年にアムステルダム市と近郊の自治体が中心になって「アムステルダム・スマートシティ・プログラム」がつくられた。例えば、CO_2排出量を1990年代と比較して40％削減することや、エネルギーの無駄遣いを控えるよう市民に訴えることなどが盛り込まれている。市を挙げての改革に、協賛した一般企業はもちろんのこと、市民一人ひとりも「I amsterdam」というスローガンのもとに、一丸となって、目標達成に参加している。シビックプライドのお手本的存在である。国立美術館前に据えられた人の高さほどの文字は、円弧が多いせいか、見た目にも優しく、子供から大人まで引きつけていた。

1) 出典　日笠健一蔵『くらしの中の看板』2003　茨城県立歴史館　p41

図24：タイポグラフィが秀逸 　　　　　　図25：アムステルダム特有のコーヒーショップ 　　図26：ビルディング・サイン。シアトル

図27：ビーゴの道路名表示は独特の魅力的書体 　図28：美しいクロイスター・ブラック体の標識 　図29：装飾的書体のクラフトショップ。ブライトン

図30：港町の高台にうまく収まる極太サンセリフ。基隆／台湾 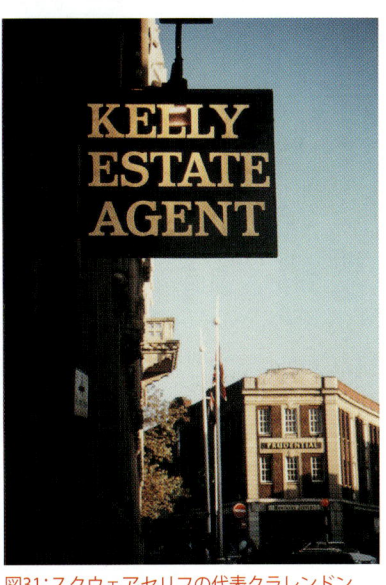　　　　　　　　　　図31：スクウェアセリフの代表クラレンドン

図32：装飾的な建築になじむ文字。オランダ 　　図34：熱田神宮へ献酒。化粧樽が華やか。名古屋

図33：渋谷ヒカリエとシンクスのロゴ

みどり

　どのような樹種であっても、緑を嫌う人はあまりいない。並木は、なにより季節の移ろいを運んでくれる。夏には日陰をつくってくれるし、場所によってはまとまりに欠ける広告看板類を隠してもくれる。緑の眺めに苦情は出まい。もちろん毛虫や病害虫の対策、剪定、落葉樹であれば晩秋の掃除と、それなりに手間がかかる。渇水ともなれば、水やりも大変だ。杜の都、仙台の青葉通りは樹木が道路を覆って、車の排気ガスが滞留して問題にもなった。台風での倒木にも気をもむ。にもかかわらず、生活に潤いをもたらす植栽は、緑に恵まれたわが国でも、都市部では増えるだろう。厳しくなるばかりの気候がそれに拍車をかける。

　台湾の南部では、たわわに実をつけたライチーだったか木の実が、延々と道路沿いに植えられていた。収穫はしっかり自治体が行うという。中国の広州市では、背の高い街路樹に大きな赤い花が沢山咲いていた。市の花、木棉花である。珍しい植栽に出会うのは旅の醍醐味である。まちのアイデンティティ強化の観点から樹種を考えるのもいいのではないか。

　ヨーロッパでは、大通りの街灯な

図1:世界遺産のまちのアーチに、朝顔に似たつる植物が這う。ベルン

図2:15年前に見た光景。ニューヨーク

図3:完成直後のバッテリーパーク。ニューヨーク

図4:紅葉しはじめた街路樹。オックスフォード

図5:並木が成長しすばらしい道になった。原宿

図6:違和感なく収まっていた。スペイン

図7:荒れた風景の中の花はひときわ美しかった

図8〜9：南国ならではの緑の家カフェ。人々はゆったりくつろいでいた。ホーチミン

どに括り付けたプランターからあふれるように咲く草花がある。北から南まで花の好きな人たちだ。しかも干涸びているのをあまり見たことがない。花市場はどこも賑わいを見せ、夏のグラナダでは、毎朝、専用のタンク車が長い柄の付いたシャワーでプランターひとつずつに水を与えていた。壁に囲まれた都市で、石の集合住宅に棲む人々には、花も樹木もなくてはならないものなのだろう。スイスのベルン歴史地区では通りのアーチに、つる状の植物を這わせているのを見た。エコロジーも関係しているかと思うが、どこか日本的な感じがした（p146図1）。

ところで、近年目にする機会が増えたのは、垂直な壁を植物で覆い、その中に広告を埋め込むように配置するものだ。たとえば福岡のキャナルシティの一部では、相当大きな壁面で実施されていた。技術が可能にしたに違いないが、なにか少し無理を感じてしまう。筆者だけだろうか。

図10：ファッションブティック。ミュンヘン

図11：手入れが行き届いている。オランダ

図12：商業地区の4列の並木。フランクフルト

図13：緑と広告の融合？夜の表情を見ていないのが残念。福岡

判じ物・遊び心の看板

　看板や広告は本来、瞬時に情報が理解できることが重要と考えられている。そうした観点からは、江戸時代にはやった判じ物と呼ばれる看板はやや問題である。＜とんち＞のような、一見して分かりにくい看板である。しかし、判じ物は知る人だけが読めた看板のように思えるが、それはむしろ逆で、これらが看板として通用した江戸時代庶民の同質性に驚く。つまり、言葉遊びを共有する庶民の教養は、相当な高さにあったと想像できる。具体例を挙げよう。広重の版画に〇やき・十三里と書かれた看板が登場する(図3)。〇はそのまま、まると読む。丸焼きである。十三里は、九里(栗)と四里(より)に分けて読む。つまり、栗より美味い芋の丸焼きと読める。同じ焼き芋屋でも、八里半と書かれた看板もある。これは九里(栗)に近しということらしい。似たものに櫛屋の十三屋がある。言うまでもないが、九と四で十三である。九と四は苦死に通じ、今でも嫌う風潮が残っている。濁り酒を七里酒と表わす例も同様で、濁りの二と五を足したものである。そばやの看板は二八と書かれているが、これは、落語の＜ときそば＞でおなじみの、そば一杯の値段、十六文をゴロよく割ったもので、そば粉の割合ではない[1]。

　筆者の好きなものに、将棋の駒をかたどった質屋の看板がある。『看板考』には、駒形の板に、塵はたきのような反古を束ねたものを下げていたという説明がある。後に紙の束だけのサインが一般化したらしい[2]。将棋の駒がどうして質屋なのか。将棋では歩兵、香車、桂馬、銀将が敵陣に入ると金と同様の働きをすることにちなむらしい。質草をもって敵陣(質屋)に入れば、金になることを意味している。質屋の看板には、下に行くほど大きくなる3段重ねの桶の下に、麻ひものようなものがクラゲの足状

図1：荒馬にかけて＜あらうまし＞。饅頭屋[5]

図2：弓に矢をつがえて射る、湯屋に入る[6]

図3：右隅に〇やき、十三里が見える

図4：3ヶ月で流れる形の質屋の看板[7]

図5：櫛は苦死に通じ、足して13に。上野

に下がっている看板もある。これは3ヶ月で流れることを表わしている（p148図4）。

　風呂屋の看板のかたちは刺激的である。矢をつがった弓が店内に向けて置かれる。弓と矢で、ゆや（湯屋）で、射ると入るもかかっているようだ。同じように、突飛な組み合わせだが、木製の馬を看板としたのは饅頭屋である。その心は、荒馬、あらうましだとか（p148図1）。もっとも、中国では馬の模型看板がおいてあるのは葬具屋とも聞いた[3]。友人の話だが、銭湯に赤い旗が立っていて、いつも旗が竿の先端より下がっていた。これは赤（垢）を落とすのだという。江戸時代にこれがあったかは分からない。

盲暦と盲心教

　ところで、江戸時代につくられた文字の読めない人のための＜盲暦＞（近年は＜絵暦＞と呼ばれる）というものがある。図6は南部地方（岩手県）で流布したものらしく南部盲暦と言われる。判じ物看板に共通するところが多い。たとえば「入梅」は山賊が荷物を奪う絵、つまり「荷奪い」となる。あるいは、芥子（けし）のつぼみに濁点をつけて夏至など、ウィットに富んでいる。また、同じく南部地方のものがよく知られているが、盲

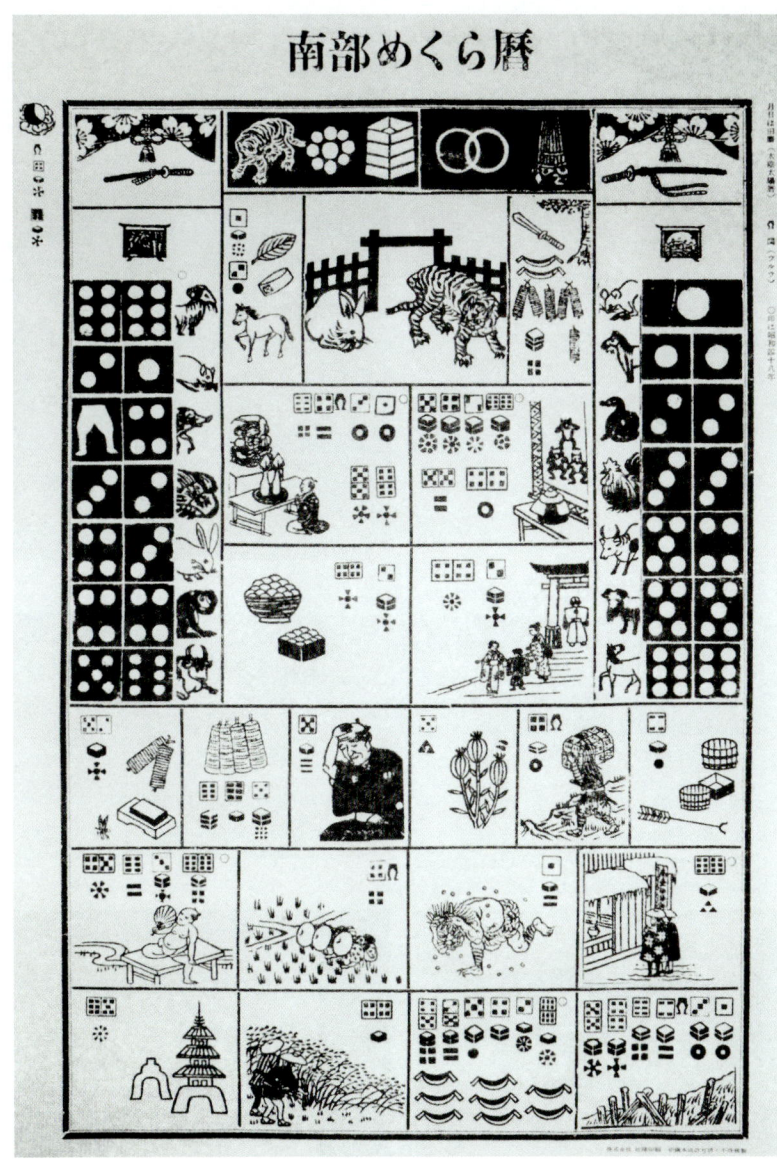

図6：南部めくら暦、昭和49年版。スペース・トリョー・コム。近年は絵暦とも呼ばれる

図7：遠くからだと、そとばが離れて見える錯視 　　図8：謎の物体が浮遊。韓国の印章屋 　　図9：三つ玉は質屋の標し。ブラックプール/英国

149

心経 (絵心経)と呼ばれる、般若心経を絵で表わしたものもある。[4] 経のはじまりは「まか～」だが、釜を伏せたかたちで表現している。取っ付きにくいお経が、一気に身近な存在となる。実際にこうしたものが、庶民の生活にどこまで入り込んでいたかははっきりしないが、このセンスは我々の誇りにしてよかろう。もっとも、判じ物看板を考え込んで、運転がおろそかになっては困る。ゆっくり歩ける空間があっての判じ物である。

1) 平野　隆彰http://ahumsha.com/modules/publish/content25.htmlを参考にした
2) 坪井正五郎『商工技芸看板考』哲学書院1887国立国会図書館デジタルコレクション
3) 亜細亜大観編『亜細亜大観 第14輯』p12　亜細亜大観社　1935
4) ネットで＜絵心経＞を検索すると、多くの映像が見られる
5) 出典　『商工技芸看板考』p17
6) 出典　前掲書p32
7) 出典　『くらしの中の看板』茨城県立歴史館p60

図10：カンマは文章中で、一呼吸入れ、文意上も重要な記号。筆者の好きな看板。インド

図11～12：D.ブルーナーの住むユトレヒトの信号はミッフィーでファンを喜ばす　　©M.KUDO

図13：説明無用でユーモラスなブランドロゴ

図14：オランダの薬屋の看板、ゲイパー

図15：方向案内の柱にもブルーナーのキャラクターが付いている。　　図11～12と共に©M.KUDO

150

提灯とランタン

　提灯(ちょうちん)の説明は不要だが、ランタン(lantern)はどうだろう。英語辞書によれば持ち手のあるランプをいい、チャイニーズ・ランタンというと紙製で、提灯に近い。国語辞書では、ランタンは角灯あるいは提灯とある。屋根の上に置かれたり、吊るされた、尻つぼみで屋根付きのランプで、しばしば店名が入り看板となる。歴史的まち並みの飲食店などでは今も見る(p152図7・9・11)。

　ベトナムの古都ホイアンでは、布製の色とりどりの提灯またはランタンが各商店の入口を飾り、夜には光が入り一層鮮やかにまち並みを彩っていた(p152図6・8)。中国も至るところに赤い提灯が見られ、繁華街のシンボルのような存在である。

　わが国のまちに常時提灯が並ぶのは、飲食店街や飲み屋横町である。盛り場はいつもお祭りだからだろう。印象に残るのは、春の京都の都おどりの紅提灯である。落ち着いた色のまち並みが、紅白の提灯で一変する。ちなみに白い部分はつなぎ団子といわれる。石川栄耀は広告がまちを千変万化させるとその効能を説いたが、まさにまちの魅力は、昼と夜、また、祭りなどの年中行事で、表情が一変する時に高まる。

　祭りと言えば、秋田の竿燈は提灯が主役だ。考えてみれば沢山の提灯を担いで練り歩く、至ってシンプルな祭りだが、東北三大祭りの一つで、国重要無形民俗文化財に指定されている。竿燈のこれほどまでの人気は、多数の提灯を人がかつぎ、夜空に踊るかのように揺らぐ、光の美しさにつきる。ネオンサイン、LED、花火も含めて、夜の光は直接我々の感性を刺激する。

図1:わずか数百メートルだが、他にない商店街。緑の提灯はヘチマ？夏の浅草寺参道

図2:定番は赤だが、ここは少し高級なのか白提灯

図3:提灯で埋め尽くされた台湾の寺

図4:年代物でくすんでいるが凄みがある。台湾

図5:つくば版ねぷた。迫力と魅力から学ぶことはありそうだ

図6:赤い提灯が風に揺れる。ホイアン

図8:ホイアンで見た提灯は昼間もそれなりの演出効果を担っていた。格調高い店構え

図7:二段の屋根、緑青、醸造元らしい。奈良市

図9:店名に因む親子亀が見える。川越市

図10:網のかかった看板は特別な雰囲気。日本橋

図11:ヴィダー(牡羊座)ホテルのランタン。チューリッヒ

図12:この提灯は家の中に吊るされて珍しい。うどんの字がいい。讃岐

江戸から学ぶ

　ここで、「熙代勝覧」[1]の中に描かれた看板、あるいはそれに相当するものを改めて整理しておく。まず暖簾であるが、4種に分けられる。間口いっぱいに出される、短い＜水引暖簾＞、路面には届かないが丈のある＜長暖簾＞、その中間の＜普通暖簾＞、さらに路面まで届き、重しを端に置いた＜日除け暖簾＞がある。色は圧倒的に紺(藍)色が多く、それらそれぞれに商家標、屋号、店名文字などが白く染め抜かれている。これが美しい。文献には業種によって暖簾の色に一定の傾向があったようにも記されている。また、「熙代勝覧」には見られないが、日除け暖簾の大きさの布に錦絵のような絵を描いた＜絵暖簾＞もある。今の銀座にあった恵美須屋のものが有名である(p154図14)。

　看板としては、庇や屋根の上に置かれた＜屋根看板＞、柱を立てて腕木を出してそこに看板を吊るし、しばしば小さな屋根がつく＜建て看板＞、屋根の勾配に添わせて竿を出してそこに看板を吊るす＜下げ看板＞、壁や軒下にかける＜掛看板＞、薬屋に多いが店の中に据える＜衝立て看板＞、路上の＜置き看板・箱看板＞、そのうち、灯りが入るのは＜行灯看板＞、障子等に墨書きされた＜戸障子看板＞、長い竿の先につける＜旗標＞、さらに蔵の妻に左官が仕上げる＜蔵印＞(p119図10)もりっぱな看板である。なお、今日よく見る、屋根や庇の上に道と平行に置く看板は＜お真向き看板＞といい、当時は寺社の許可が必要だったらしい[2]。

　さて、本書の＜まえがき＞でも触れたが、「熙代勝覧」に描かれた街路風景は広告景観の優れたモデルである。強い連続性を持つ家並を背景に、武士や町人、商人、職人が分け隔てなく道を行き交う。その人々にほぼ近いスケールの多種多様な看板が混在

図1:理屈なしに美しい。現役の行灯看板。有松

図2:「熙代勝覧」部分[3]

図3:左にうどんの看板、右は日除け暖簾。川越市

図4:江戸時代の看板形式が揃っている。伊勢市

図5:史跡として残された高札場。奈良市

図6:菓子店にあった下げ看板の写真。青梅市

図7:行灯看板。深川江戸資料館

153

する。実際は道に直角に突き出す下げ看板や建て看板など、いくら江戸、歩く道とはいえ、邪魔であったに違いない。しかし、そこは宣伝効果との兼ね合いである。因に関西は江戸ほどの道幅がなかったために、庇の上の屋根看板が多いと聞いた。

江戸から学ぶ

さて、ここから何を学ぶべきだろうか。それは変化と秩序の関係である。変化と秩序がともに大きくなると、美しさが増すと考えられる。この場合、秩序は背景、まちの骨格である。緩やかな変化を見せながら屋根と軒高の揃った家並、白黒そして木肌色の壁、同一色の瓦屋根、藍色の水引暖簾である。そして変化は、まるで調子をとるようにリズミカルに現れる日除け暖簾、建看板、置き看板である。さらに旗標がアクセントのように現れる。地と図の関係で話してもよい。地に強い秩序を持たせ、図には変化、多様性を持たせる。しかし、その多様性は、地の秩序を乱すほど大きな変化であってはならない。このことは看板や家並の形や規模、時代が変わっても、同じである。

西欧の典型的な都市風景は、実はこうした構造を備えている。摩天楼であろうと5階程度のビルの連なりでも、歩行者の視覚に映るまち並みはほぼ上下10度であるから、そこに映るまち並みは強い連続性を持つ。つまり、強い秩序を有する。それに対し看板類は地上2階程度に限定される。したがって、極端に大きな看板は出現しない。江戸のものより揺れは小さいが、看板は景観に変化を与える図の要素として働いている。

変わらぬ風景に変化を生み、魅力を高めるのは看板や広告の役割と言ったのは、石川栄耀である。彼は個々の看板が各々違う音色を奏でる楽器で、まち並みはその総和としてのシンフォニーを奏でるものであって欲しいと願っていた。江戸時代の宿場

図8:明治13年創建、千葉県文化財。香取市

図9:酒屋、酒造所の標、酒林、杉玉。小諸市

図10:宿屋の家並と看板が美しい。広重画

図11:障子看板。深川江戸資料館

図12:明治以降の薬品店や酒屋の様式に倣う。浅草

図13:現役の薬店の衝立て看板。奈良市

図14:尾張町恵美須屋の華やかな絵暖簾[4]

図15:多様な看板が景観の不可欠な要素。小江戸と呼ばれる川越市　　図16:江戸のおもむき濃厚な優れ看板。高岡市

町や商業地区はこれを具現していたように思う。我々は、江戸のまち並みの形をまねる必要はない。時代にあった素材、技術、表現を試みるべきである。しかし、江戸の広告景観の構造を、しっかり理解し、これからも基準としていくべきものと考えている。

1)「熙代勝覧」図はドイツの中国美術収集家から、ベルリンの東洋美術館に寄託されたものに紛れてあった。江戸後期の中心商業地区を克明に描いた貴重な作品と出会ったのは1999年のことと『＜熙代勝覧＞の日本橋』の共著者の一人、小林忠氏は記している（小澤弘・小林忠著　2006 小学館）。描かれた年代は1805年ころ、場所は日本橋通り、神田今川橋から日本橋までのおよそ900m。縦43cm, 長さは12.3mもある。しかも表紙に＜天＞とあるため、＜地＞に当たる、あるいは＜人＞に当たる別の巻の存在が示唆されているが、発見されていない。たしかにこの図は道の西側のみである。現在、地下鉄銀座線日本橋駅の通路に1.4倍に拡大され、長さは17mに及ぶ同復元図が展示されている。『＜熙代勝覧＞の日本橋』によれば、日本橋南詰めにあった高札場の板に記された文字が読めるほど克明に描かれている。もちろん、実際より拡大したり、省略したりは、適宜作者のあんばいでされているが、看板や暖簾の文字や標(印)からして、あまり恣意的な感じは受けない。描かれた店舗は88、人の数は1671、うち女性が200人、そして店々が掲げる看板や暖簾のたぐいは20種に近い。商店のうちのいくつかは今日までほぼ同じ場所で営業しており、特定できるという

2) 谷峯蔵『日本屋外広告史』岩崎美術社　p92
3) 出典　http://www.ne.jp/asahi/code/history/edo/index4.html
4) 出典　http://blog-imgs-23-origin.fc2.com/s/a/k/sakuzaemon/20061015163815.jpg

図17:常陸太田のまち角。そば屋と仏料理店

図18:「熙代勝覧」に描かれた室町の今の姿

図19:屋号等が描かれた天水桶。深川江戸資料館

図20:豪快な屋根看板。伊勢市

155

あとがき

　監修を担当した『屋外広告の知識　デザイン編』が刊行されてから、ちょうど10年になります。その編集方針の中に、＜短い文章と視覚的表現の多用＞があったと記憶します。そのことは一定程度実現したと思っています。しかし、残念ながら図や写真は殆ど白黒でした。そこで、今回は写真が主役ですので、鮮明な総カラーの仕上がりとなりました。

　（株）ぎょうせいには、刊行の機会を頂いたことに加えて、このことにもお礼を申し上げます。

　デザイン編は多くの先生方にご協力頂き纏めましたが、諸般の事情から、本書はほぼ全て筆者の写真で編むことになりました。しかし、若干なりとも浅学と傾きを是正できればと、3名の方々に特別寄稿という形で、参加を要請し、幸い快諾されました。九州大学の佐藤優氏には良好な広告景観形成への誘導、富山大学の武山良三氏には暖簾を通して見た屋外広告の課題、日広連の山縣登氏には屋外広告行政の流れについて、それぞれご執筆頂きました。また、澤一寛氏には構想段階で貴重な意見を頂きました。この場を借りて、皆様に感謝申し上げます。

　ところで、本書の最大の反省点は、写真の詰め込みすぎにあります。地域や形式ごとに、あるいは時間軸で整理するなどすれば、つまり、編集の枠組みを整えれば、写真はもう少し絞れ、ゆったりと構成できたかと思います。今後の課題とさせて頂きます。

　なお、長期にわたり支援を頂いた、ぎょうせい出版企画部の皆様にも末尾ながら心からお礼を申し上げます。ありがとうございました。

西川潔

著者紹介

西川潔（にしかわきよし）
1946年生まれ。　博士（デザイン学）　筑波大学大学院教授を経て筑波大学名誉教授。台湾銘伝大学客員教授。日本デザイン学会名誉会員、基礎デザイン学会理事。
屋外広告士資格審査委員会委員、茨城県景観審議会委員、水戸市および守谷市景観審議会委員等歴任、元モダンアート協会会員。
専門はサイン・アート計画、屋外広告デザイン、色彩計画、タイポグラフィ。
著書として『ヨーロッパ伝統の看板』ダヴィッド社1975、『ビレッジサイン・英国フォークロアのデザイン』玉川大学出版部1998共著、『サイン計画デザインマニュアル』学芸出版社2002、『屋外広告の知識　デザイン編』ぎょうせい2006監修ほか。
デザインワークとして、筑波大学中央図書館、大阪市総合医療センター、大牟田市総合医療センター、つくば市中心市街地、東京都立健康長寿医療センター、ひたち医療センターほかのサイン・アート計画、筑波大学学生宿舎の色彩計画等。

広告景観
〔屋外広告の知識　デザイン編　事例集〕
2015年7月10日　第1刷発行

著　者	西川潔
発行所	株式会社ぎょうせい

〒136-8575 東京都江東区新木場1-18-11
電話　編集（03）6892-6508
　　　営業（03）6892-6666
フリーコール 0120-953-431
URL：http://gyosei.jp

印　刷　ぎょうせいデジタル（株）
※乱丁・落丁本はお取り替えいたします。
〈検印省略〉

©西川潔2015　Printed in Japan
ISBN978-4-324-09991-9
（5108162-00-000）
〔略号：屋外広告事例〕